Philipp Melanchthon und das städtische Schulwesen

1497 - 1997

PHILIPP MELANCHTHON

UND DAS STÄDTISCHE SCHULWESEN

BEGLEITBAND ZUR AUSSTELLUNG
HERAUSGEGEBEN VON DER
LUTHERSTADT EISLEBEN

VERÖFFENTLICHUNGEN DER LUTHERSTÄTTEN EISLEBEN

BAND 2 • 1997

VERLAG JANOS STEKOVICS

Veröffentlichungen der Lutherstätten Eisleben • Band 2

Die Lutherstadt Eisleben dankt der Bundesrepublik Deutschland
und dem Land Sachsen-Anhalt für die freundliche Unterstützung.

Wissenschaftliche Bearbeitung und Redaktion:
Gerlinde Schlenker (Halle /S.)
Rose-Marie Knape (Lutherstadt Eisleben)
Stefan Rhein (Bretten)

Die Ausstellung entstand in Zusammenarbeit mit dem Melanchtonhaus Bretten

Die Deutsche Bibliothek - CIP-Einheitsaufnahme
Philipp Melanchton und das städtische Schulwesen : Begleitband zur Ausstellung / Lutherstadt Eisleben. -
Halle : Stekovics, 1997
(Veröffentlichungen der Lutherstätten Eisleben ; Bd. 2)
ISBN 3-929330-21-0 Gb.

Für den Inhalt zeichnen die Autoren selbst verantwortlich.
Frontispiz: Philipp Melanchthon, Gipsbüste Johann Gottfried Schadow, 19. Jh.
(Lutherstätten Eisleben), Foto: Peter Friedrich (Leipzig)
Druck: Magdeburger Druckerei GmbH, Magdeburg
Buchbinderische Weiterverarbeitung: Kunst- und Verlagsbuchbinderei GmbH, Leipzig
Layout, Satz, Gesamtherstellung: Verlag Janos Stekovics

ISBN 3-929330-21-0

Zum Geleit

Die Lutherstadt Eisleben gedenkt mit ihren Bürgern und Gästen 1997 des 500. Geburtstages von Philipp Melanchthon - dem weithin geachteten Humanisten, Reformator, Politiker und Theologen, dem schon zu Lebzeiten der ehrenvolle Beiname »Praeceptor Germaniae« - Lehrer Deutschlands - zuerkannt worden war.

Philipp Melanchthon, der am 16. Februar 1497 in der kurpfälzischen Amtsstadt Bretten geboren wurde, dort und in Pforzheim zur Schule ging, in Heidelberg, Tübingen studierte und seit 1518 eine Professur für Griechisch an der 1502 gegründeten Wittenberger Universität innehatte, gehört zu den bedeutendsten Persönlichkeiten des 16. Jahrhunderts.

In Wittenberg wurde er zum Weggefährten, Berater und Mitstreiter Martin Luthers, zum einflußreichen Reformator und aufgrund seiner profunden Sprachkenntnisse zum unentbehrlichen Helfer Luthers bei dessen Bibelübersetzung.

In seiner mehr als vierzigjährigen Lehrtätigkeit als Professor in Wittenberg reformierte er das Schul- und Bildungswesen im Sinne humanistischer Wissenschaftsauffassung und hat einen großen Anteil an der Umgestaltung der bereits vorhandenen sowie der Gründung von protestantischen Universitäten.

Der vorliegende Band ist dem Wirken Philipp Melanchthons als »Lehrer Deutschlands und Europas« gewidmet, wobei die Reformation in der Grafschaft Mansfeld und Persönlichkeiten der Schulgeschichte der Stadt Eisleben im Mittelpunkt stehen.

Lutherstadt Eisleben, März 1997

Peter Pfützner
Bürgermeister der Lutherstadt Eisleben

CLERUS MANSFELDICUS,

Das ist:

Alle Herren

GENERAL-SUPERINTENDENten,
DECANI, PASTORES und DIACONI,
beydes in den Städten und Dörfern;
Benebst den
Schul-RECTORIBUS, CANTORIBUS
und COLLEGEN
in Städten und Marckt-Flecken,
In der gantzen

Grafschafft Mansfeld,

Von Lutheri Reformation an, bis auf gegenwärtige Zeit,
Nach ihrer Vocation, Translocation, fatis, edirten
Schrifften und endlichen Absterben.
So viel in Kürtze geschehen können,
Mit groser Mühe und allen Fleis colligiret

608

von

JOHANN ALBERTO Bieringen,
Lit. & Historiæ Cultore.

ANNO 1742.

Inhalt

D. MARTIN. LUTHER : PHILIPP. MELANCHTHON.
D

Horst F. Rupp

Humanist - Theologe - Praeceptor Germaniae: 500 Jahre Philipp Melanchthon

I. Zeitgenössische Melanchthon-Portraits

Eine ganze Reihe berühmter zeitgenössischer Künstler des 16. Jahrhunderts hat sich an Portraits des nicht weniger berühmten Magister Philipp Melanchthon versucht. So liegen uns unter anderem Darstellungen des älteren und des jüngeren Cranach bzw. ihrer Werkstätten vor - und dies aus unterschiedlichen Lebensphasen Melanchthons -, von Hans Holbein d.J. ebenso wie von Albrecht Dürer. Alle zeigen sie uns einen jungenhaft wirkenden erwachsenen Mann, der markant-asketische Züge aufweist, die aber nichts Hartes an sich haben, sondern ganz im Gegenteil Milde, Versöhnlichkeit und auch selbstbewußte Bescheidenheit ausstrahlen.

Das vielleicht bekannteste Portrait hat Albrecht Dürer geschaffen: Es zeigt den gerade einmal 29 Jahre jungen Gelehrten im Halbprofil, so wie ihn der reichsstädtische Künstler bei Melanchthons Besuch in Nürnberg im Jahre 1526 anläßlich der Einweihung der sogenannten oberen Schule erlebt und gesehen hat. Die hohe Stirn wird umkränzt von

Philipp Melanchthon
Albrecht Dürer
Kupferstich 1526
Größe: 17,1 x 12,7 cm
Monogrammiert, datiert und bezeichnet; sehr eng bis auf Bildrand beschnitten
(Universitäts- und Landesbibliothek Halle-Wittenberg
Abt. Sondersammlungen: Vc 137 M 42 f)
Die Handzeichnung (Florenz, Horne-Stiftung) für das früheste Porträt Melanchthons schuf Albrecht Dürer während des Aufenthaltes von Melanchthon in Nürnberg 1526.

lockig-gewellten, nach hinten gekämmten Haaren; die Wangen- und Kinnpartien des Gesichtes werden von einem flauschig-weichen Bart gerahmt, ebenso wie die Oberlippe. Von besonderer Ausstrahlung sind jedoch die Augen Melanchthons, die genauso nach innen gekehrte Festigkeit wie auch nach vorne und in die Zukunft gerichteten Weitblick und Zuversicht verraten. Ein Portrait wie dasjenige von Dürer vermag ansatzweise zu verdeutlichen, welche Wirkung dieser Philipp Melanchthon auf seine Zeitgenossen ausgeübt hat und weshalb so viele von ihnen Kontakte mit ihm knüpften, einen Rat einholten und seine Freundschaft suchten.

Wer war dieser Mensch Melanchthon, den der Reformationshistoriker Robert Stupperich »zu den wirksamsten Gestalten des 16. Jahrhunderts«[1] zählt und über dessen Bedeutung Wolf-Dieter Hauschild schreibt: »Das neuzeitliche Deutschland ist ohne Melanchthon nicht denkbar.«[2] Nachfolgend soll in knappen Strichen ein Text-Portrait des Humanisten, Theologen und Pädagogen Philipp Melanchthon in seiner Zeit skizziert werden.

II. Die Zeitenwende um 1500 – Leben in einer aufregenden Epoche

Die Zeitläufe, in die Philipp Melanchthon (16. Februar 1497 bis 19. April 1560) hineingeboren wurde, waren sehr bewegt, aufgeregt und auch aufregend, gekennzeichnet durch viele gesellschaftliche Umbrüche und Neuerungen. Diese Epoche um das Jahr 1500 brachte auf nahezu allen gesellschaftlichen Feldern umwälzende Veränderungen, die in ihren Auswirkungen auch massiv in das Leben eines jeden einzelnen Menschen eingriffen. Dieser gesamtgesellschaftliche Strukturwandel vollzog sich jedoch nicht abrupt, sondern hatte sich schon im 13./14. und beginnenden 15. Jahrhundert in vielen Bereichen des Lebens der Menschen angekündigt. Einige dieser eingreifenden gesellschaftlichen Umbrüche und Veränderungen seien hier festgehalten: Erfindungen wie Gutenbergs Buchdruckerkunst und Henleins Uhr, Entdeckungen wie diejenige Amerikas durch Columbus, Wandlungen auf ökonomischem Gebiet wie die Intensivierung der Produktion durch das aufkommende Verlagssystem und neue Hüttentechniken im Bergbau, die Akkumulierung riesiger Kapitalmengen in den Händen reicher Handels- und Bankherrn, Wandlungsprozesse im gesellschaftlich-politischen Feld wie der Funktionsverlust des Rittertums durch die Einführung neuer Kriegs- und Kampftechniken und das Aufbegehren der Bauern gegen die Feudalherren – das sich im gesamten Spätmittelalter hindurch immer wieder bemerkbar machte, bevor es dann im deutschen Bauernkrieg in den Jahren 1524/25 in einem neuen Höhepunkt kulminierte und gleichzeitig sein blutiges Ende erreichte –, neue naturwissenschaftlich-physikalische Erkenntnisse wie die Umorientierung vom geozentrischen zum heliozentrischen Weltbild und nicht zuletzt auch ein intensives neues religiöses Nachdenken und Suchen nach Wegen des menschlichen Heils. Dies alles bildete den Rahmen des neu heraufziehenden Zeitalters, das manche der Zeitgenossen als den Anbruch einer die Grundfesten der Welt erschütternden eschatologisch-apokalyptischen Epoche erlebten.

III. Lebens-Wege: Stationen einer frühneuzeitlichen Biographie

Das Licht der Welt erblickte Philipp Melanchthon am 16. Februar 1497 in der kurpfälzischen Amtsstadt Bretten als Sohn des Waffenschmieds und kurfürstlichen Rüstmeisters Georg Schwarzerdt und dessen Ehefrau Barbara, geb. Reuter, Tochter des ehrbaren Brettener Bürgers Hans Reuter und der Elisabeth Reuchlin aus Pforzheim, vermutlich einer Schwester von Johannes Reuchlin (1455-1522), des neben Erasmus von Rotterdam (1466 oder 1469-1536) wohl berühmtesten Humanisten nördlich der Alpen, der sich vor allem um die Pflege des biblischen Hebräisch und um die Freiheit des wissenschaftlichen Forschens verdient machte. Philipp wuchs im Kreise seiner vier jüngeren Geschwister - einem Bruder sowie drei Schwestern - im geräumigen Haus der Großeltern am Brettener Marktplatz auf. Durch den Hauslehrer Johann Unger erhielt er zusammen mit seinem Bruder sowie dem jüngsten Bruder der Mutter die ersten Lektionen in der lateinischen Sprache. 1508 starben unmittelbar nacheinander der Großvater und der Vater. Philipp siedelte daraufhin mit der Großmutter in deren Heimatstadt Pforzheim um, um die dortige weithin berühmte Lateinschule zu besuchen. Schnell machte er hier in der lateinischen wie auch in der griechischen Sprache große Fortschritte. Großzügig gefördert wurde er in seinen Studien durch seinen Großonkel Reuchlin, der zur damaligen Zeit als Mitglied des Richterkollegiums des Schwäbischen Bundes in Stuttgart lebte und wirkte. Reuchlin war es schließlich auch, der Philipp im Jahre 1509 die in dieser Zeit in Humanistenkreisen beliebte griechische Form seines Namens verlieh: Aus Philipp Schwarzerdt wurde auf diese Weise Philipp Melanchthon. Schon nach nur einem Jahr des Unterrichts in den klassischen antiken Sprachen in Pforzheim konnte der erst zwölfjährige Melanchthon an die Universität in Heidelberg

Bretten, Stadtansicht von Süden, Kupferstich von Matthäus d. Ä., 1645 (Melanchthonhaus Bretten)

wechseln, wo er auf Vermittlung Reuchlins bei dem Theologen Pallas Spangel Quartier bezog. Auch in Heidelberg durchlief der junge Melanchthon ohne die geringsten Schwierigkeiten den verpflichtend vorgeschriebenen scholastischen Studiengang. 1511 erfolgte die Promotion zum Baccalaureus artium in via antiqua. Als Vierzehnjähriger hielt er in diesem Jahr auch seine erste gedruckte Publikation in den Händen, Gedichte im Rahmen einer Veröffentlichung des Humanisten Jakob Wimpfeling (1450–1528). Neben diesen eigenen Studien betätigte er sich als Lehrer zweier Grafen von Löwenstein, womit er erstmals auch eigene kontinuierliche pädagogisch-didaktische Erfahrungen machen konnte. Im Herbst 1512 vollzog er einen Wechsel an die Universität Tübingen, wo er die obligatorischen Studien in den beiden Wegen der scholastischen Philosophie fortsetzte. Er selbst verstand sich in den philosophischen Auseinandersetzungen dieser Zeit als einen Vertreter des Nominalismus. In Tübingen erwarb er schließlich auch den akademischen Grad eines Magister artium. Von bleibender Bedeutung wurde für ihn jedoch in den Tübinger Jahren der neue Bekannten- und Freundeskreis, in dem man mit großem Eifer humanistische Studien betrieb und sich auch mit den anderen in dieser Zeit neu aufkommenden Wissenschaften befaßte. Aus diesem Kreis besonders zu nennen wären etwa Johannes Oekolampadius, der

Die Namensgebung durch Reuchlin am 15. März 1509
Johannes Reuchlin: eigenhändige Widmung einer Griechischen Grammatik (Universitätsbibliothek Uppsala)
Aufnahme: Landesbildstelle Baden

nachmalige Basler Reformator, und Ambrosius Blarer, der sich später bei der Umsetzung der reformatorischen Bewegung in Württemberg verdient machen sollte. Man studierte gemeinsam die antiken lateinischen und griechischen Autoren, rezipierte die aktuellen Erkenntnisse der Astronomie und auch Astrologie und diskutierte die Thesen der 1515 erschienenen Dialektik des Rudolf Agricola, die bedeutende Anstöße zur Überwindung der scholastischen Logik vermittelte.

In diesem intellektuell anspruchsvollen geistigen Klima ließen dann natürlich auch weitere eigene Veröffentlichungen nicht auf sich warten: Im Auftrag des Großonkels Reuchlin schrieb Philipp zusammen mit einem Kollegen das Vorwort zu den *»Clarorum virorum epistolae«* (1514), mit denen der Humanist sich im Streit um die Erhaltung der jüdischen Literatur zur Wehr setzte. Ebenso folgte eine Edition von Werken des Terenz (1516) mit einer Einleitung zur Geschichte der Komödie, die Melanchthons erste überragende philologische Leistung verkörpert, weiterhin Lehrbücher der griechischen Grammatik und der Rhetorik.

Anläßlich einer akademischen Feier hielt er Ende 1517 in Tübingen eine Rede über die Studienfächer; dabei erweiterte er in reformerischer Intention das traditionelle mittelalterliche Tableau der ursprünglich septem artes liberales, des Trivium (Grammatik, Rhetorik und Dialektik) und des Quadrivium (Arithmetik, Geometrie, Musik und Astronomie) - deren an der sogenannten Artistenfakultät angesiedeltes Studium auf die Arbeit in den oberen drei Fakultäten der Medizin, der Jurisprudenz und schließlich der Theologie vorbereiten sollte - um die Disziplinen Geschichte und Poetik.

Bei all diesen umtriebigen Aktivitäten und in diesem anregenden Umfeld konnte es beinahe schon zwangsläufig nicht ausbleiben, daß die Geisteswelt auf den hoffnungsvollen jungen Magister aufmerksam wurde. Der schließlich auf Empfehlung Reuchlins an den erst Einundzwanzigjährigen ergehende Ruf auf einen Lehrstuhl für griechische Sprache an der Universität in Wittenberg, den der sächsische Kurfürst Friedrich der Weise im Zuge der humanistischen Ausrichtung seiner erst im Jahre 1502 gegründeten Landesuniversität installiert hatte, war dann quasi die logische Konsequenz dieser Entwicklung.

Ende August 1518 hielt Melanchthon seine Antrittsvorlesung an der Wittenberger Universität. Hier macht er sich, seine schon in Tübingen geäußerten Ideen aufgreifend, erneut Gedanken *»Über die Verbesserung der Studien der Jugend«*. Im Mittelpunkt seiner Überlegungen steht nun der Ruf der Humanisten »ad fontes«, zurück zu den Quellen, wobei die antiken Sprachen das methodische Instrument zur Einlösung dieser Forderung verkörpern. Im Rückgriff auf das klassisch-antike Sprach- und Literaturerbe soll das degenerierte mittelalterliche Latein eliminiert werden. Von überragender Bedeutung für die Studien sind in seiner Sicht jedoch auch die Mathematik und die Naturwissenschaften.

Der Ruf an die Universität Wittenberg brachte für Melanchthon aber die entscheidende Weichenstellung seines Lebens. Er trat hier in Kontakt mit der neuen, von Wittenberg ihren Ausgang nehmenden religiös-reformatorischen Bewegung und deren

Leitfigur Martin Luther, seines Zeichens Mönch im Orden der Augustiner-Eremiten und Professor der Bibelwissenschaften, der seit dem Herbst 1517 im ganzen deutschen Reich durch seine Thesen zum Ablaßhandel mächtiges Aufsehen erregt hatte und der – dies sei nur in Parenthese angemerkt – ursprünglich gegen eine Berufung Melanchthons auf den Wittenberger Lehrstuhl votiert hatte. Es sollte jedoch nur kurze Zeit dauern, bis sich zwischen diesen beiden nicht nur im Blick auf ihr Alter so unterschiedlichen Männern eine intensive Freundschaft und Kooperation entwickelte. Daß sie in mancher Hinsicht ziemlich krasse Gegensätze verkörperten, wurde ihren Zeitgenossen sehr bald schon recht klar: Hier der kompromißlose und bisweilen äußerst derbe, vor kaum einem Konflikt zurückscheuende, von seinen religiös-existentiellen Fragen im Innersten umgetriebene Luther, da der vergeistigt-intellektuelle, ganz den Wissenschaften lebende und in beinahe allen Lebenslagen immer um einen Kompromiß mit seinen Widersachern bestrebte Melanchthon. Obwohl es in der nahezu drei Jahrzehnte währenden engen Freundschaft und Zusammenarbeit der beiden auch zu manchen Konflikten und Differenzen kam, war ihre Beziehung stets geprägt durch ein tiefgegründetes Vertrauen und eine unbegrenzte gegenseitige Hochachtung voreinander, wie es etwa durch Luthers nachfolgend zitiertes Diktum zum Ausdruck kommt:

Res et verba Philippus,
verba sine re Erasmus,
res sine verbis Lutherus,
nec res nec verba Carolostadius.

(Sinngemäß: Melanchthon verfügt neben der Kenntnis der Dinge auch über die Sprachgewalt, Erasmus kann sich nur geschliffen ausdrücken, Luther besitzt zwar den Einblick in die Dinge, aber ihm mangelt es an Ausdrucksvermögen; Karlstadt hat weder eine Ahnung von den Dingen noch verfügt er über eine angemessene Sprache.)
Melanchthon belegte und besuchte neben seiner Tätigkeit in der Wittenberger Artistenfakultät auch Luthers Vorlesungen, schrieb sich für ein ordentliches Theologiestudium ein und wurde sehr bald auch schon zum Baccalaureus biblicus promoviert, womit er die Berechtigung besaß, selbst biblische Vorlesungen anzubieten. Damit hatte er die Mitgliedschaft in zwei Fakultäten inne und bündelte in seiner Person humanistisch-philosophische und religiös-theologische Kompetenz. Luther anerkannte recht schnell auch den theologischen Sachverstand seines neuen Weggefährten, der wohl endgültig für die reformatorische Glaubensrichtung 1519 durch die Teilnahme an der berühmten Leipziger Disputation gewonnen wurde, in deren Verlauf er Luther tatkräftig mit Argumenten gegen dessen altgläubigen Widerpart Johannes Eck aus Ingolstadt »munitionierte«. Die Nähe zu Luther brachte für Melanchthon aber bald auch schon schmerzliche Trennungen mit sich: Johannes Reuchlin, der Großonkel, wollte ihn nicht im Zentrum der aufgebrochenen theologischen Streitigkeiten mit Rom sehen und versuchte, ihn nach Ingolstadt wegzuholen, worauf Melanchthon sich jedoch

nicht einlassen konnte und wollte. Der Bruch mit dem berühmten Verwandten war damit perfekt, was für Melanchthon etwa auch derart konkrete Folgen zeitigte, daß er beim Tod des Großonkels im Jahre 1522 nicht dessen exquisite Bibliothek erbte.
Deutlich läßt sich anhand seiner Schriften die in diesen ersten Wittenberger Jahren festzumachende Überformung seines ursprünglich exklusiv humanistisch orientierten Ansatzes durch die Theologie, und zwar durch eine lutherisch-reformatorisch geprägte Theologie, feststellen. Einen ersten Höhepunkt in dieser Hinsicht bildet wohl sein 1521 in erster Auflage erschienenes Opus *»Loci communes rerum theologicarum seu hypotyposes theologicae«* (weitere Auflagen 1522, 1525, 1535 dann in vollkommener Neubearbeitung, ebenso 1543/44 nochmals grundlegend überarbeitet; schließlich 1559 die Ausgabe von letzter Hand als *»Loci praecipui theologici«*), ein bahnbrechendes dogmatisches Studienbuch, das die zentralen Topoi der christlich-reformatorischen Lehre in elementarer Prägnanz bot und das über mehrere Jahrhunderte hinweg die Rolle eines klassischen theologischen Lehrbuches im Protestantismus einnehmen sollte.
Seinen humanistisch-pädagogischen Impetus stellte er von jetzt an ganz in den Dienst der lutherischen Sache. Aus den zwanziger Jahren datiert auch eine ganze Reihe diesbezüglicher weiterer Schriften, so etwa seine *»Ratio discendi«*, eine Anleitung zum Studium, die als früheste Zusammenfassung von Melanchthons methodischen Grundsätzen zu verstehen ist. Weiterhin wären hier erste Katechismusversuche anzuführen, in denen er die Intention seines ganzen Tuns mit den Begriffen *pietas et eruditio*, Fröm-

Philipp Melanchthon
Medaille
1560

migkeit und Bildung, umschreibt. Einen Höhepunkt erreichen diese Bestrebungen dann in der zweiten Hälfte der zwanziger Jahre, als Melanchthon im Auftrag des sächsischen Kurfürsten seinen »Unterricht der Visitatoren« abfaßt, der gleichsam als ein Handbuch der Organisation des Kirchen- und auch des Schulwesens zu verstehen ist. Die hier zu konstatierende enge Verknüpfung beider Bereiche schreibt die auch für den Protestantismus noch lange Jahrhunderte geltende Verflechtung von Kirche und Schule fest, die in Deutschland noch heute ein fernes historisches Echo in der Konstruktion eines konfessionell ausgerichteten Religionsunterrichtes als einer 'res mixta' zwischen Staat und Kirche findet.

Seit dieser Zeit ist Melanchthon dann schließlich auch ein von vielen Seiten gefragter Denker und Organisator der Bildungsbestrebungen in allen deutschen Territorien. So wird er aufgefordert, Ordnungen für Schulen und Universitäten zu entwerfen, und seine Schüler werden auf wichtige Posten in Staat und Schule, in Kirche und Verwaltungsbehörden deutscher, aber auch ausländischer Territorien berufen. Daß Melanchthon eine so große Zahl von Schülern hervorbrachte, war seinem pädagogischen Eros und Engagement zu verdanken, das sich etwa auch darin zeigte, daß er ausgewählte Schüler in dem von seiner im Jahre 1520 geheirateten Frau Katharina geb. Krapp, einer Wittenberger Bürgerstochter, geleiteten Hauswesen in seiner Schola domestica bzw. privata beherbergte und unterwies. In dieser symbiotischen Lebens- und Lerngemeinschaft prägte er seine Eleven natürlich insbesondere auch durch sein Vor-

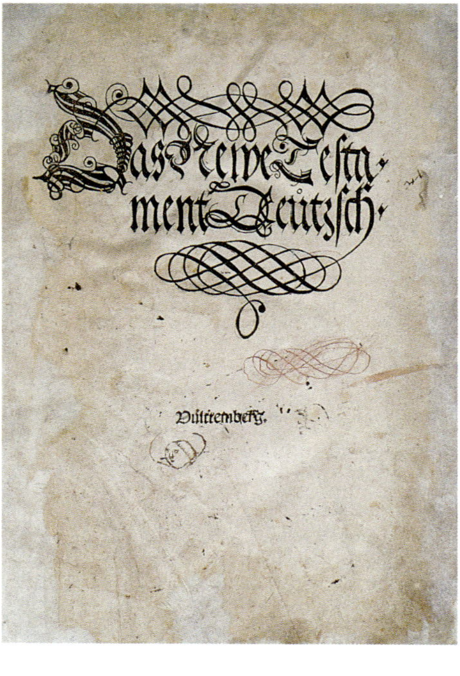

Septembertestament
Das Newe Testament Deutzsch
Wittenberg 1522 (Melchior Lotter d.J.)
(Marienbibliothek Halle)

bild. Und seine Schüler wiederum verkündeten den Ruhm ihres Praeceptors und Meisters in der ganzen Welt.[3]

Ab Ende der zwanziger Jahre gewann Melanchthons Wirken dann schließlich auch politische Dimensionen. Da Luther aufgrund der nach wie vor bestehenden Reichsacht und des Kirchenbanns bei staatlich-offiziellen Anlässen persona non grata war, mußte Melanchthon gleichsam als sein Stellvertreter diese Lücke ausfüllen. So vertrat er etwa beim Augsburger Reichstag von 1530 die protestantischen Interessen, während Luther nur auf der fernen Veste Coburg und mit den unzureichenden Mitteln der damaligen Kommunikation das Geschehen verfolgen und begleiten konnte. Melanchthon verfaßte in der Sitzungsperiode dieses Reichstages das wohl bedeutendste protestantische Glaubensbekenntnis, das die Zeiten überdauern sollte und auch heute noch unverändert Geltung beansprucht: die sogenannte Confessio Augustana sowie die »Apologie« der Confessio Augustana. Diese Bekenntnisschriften zeichneten sich durch einen schon fast ökumenisch zu nennenden Geist der Versöhnung und Versöhnlichkeit gegenüber der altgläubigen Seite aus. Bewußt sparte er etwa in der »Confessio Augustana« eine solch kontroverses, aber sicherlich auch zentrales Thema wie die Stellung des römischen Papstes aus, um nicht von vornherein jegliche Gesprächsbereitschaft der Altgläubigen zu blockieren. Diese konziliante Haltung brachte Melanchthon auf protestantischer Seite nicht ausschließlich Lob, sondern auch ein gerüttelt Maß an Kritik ein. Als umso tragischer muß es gesehen werden, daß die Antwort des Kaisers und der Vertreter der römischen Kirche auf dieses Kompromißangebot nicht vom gleichen Geist bestimmt war. In unversöhnlicher Weise beharrte man auf einer vollständigen Unterwerfung unter die Jurisdiktion von Kaiser und römischer Kirche. Damit war eine historische Chance vertan, die so schnell nicht mehr wiederkehren sollte, obzwar noch einmal in den Jahren 1540 und 1541 in den Religionsgesprächen von Hagenau, Worms und Regensburg zwischen Melanchthon und dem oben schon erwähnten Johannes Eck, dem Ingolstädter katholischen Theologen, Anläufe in gleicher Richtung unternommen wurden, allerdings erneut ergebnislos, da zu diesem Zeitpunkt die theologischen, politischen und auch kirchlichen Fronten schon derart verhärtet waren, daß an einen Ausgleich realistischerweise nicht mehr gedacht werden konnte.

Als Luther am 18. Februar des Jahres 1546 in Eisleben starb, war Philipp Melanchthon in organischer Weise in die Rolle seines einzig legitimen Nachfolgers hineingewachsen. Melanchthon brachte diese Funktion in den für den Protestantismus schwierigen Jahren um die Jahrhundertmitte aber keineswegs nur Lob und Befriedigung ein. Er, der in seiner Kompromißbereitschaft geneigt war, nahezu alles zu unternehmen, um einen Ausgleich mit der römischen Kirche herbeizuführen, mußte erleben, daß die Kompromißlosen auf beiden Seiten kein echtes Interesse an einer Verständigung hatten. Die katholische Seite vollzog ab 1545 auf dem Konzil zu Trient endgültig ihre dogmatischen Trennungsstriche hin zum Protestantismus; und auch im eigenen Lager wurde Melanchthon von denen angefeindet, die sich als die wahren und genuinen Verfechter und Erben der lutherischen Lehre verstanden. Insbesondere diese innerprotestanti-

schen Auseinandersetzumgen vergällten ihm seine letzten Lebensjahre. Er fühlte sich in diesen Jahren von der »rabies theologorum«, der »Wut der Theologen« verfolgt, wie er es selbst formulierte.
Aber dennoch konnte er, als er am 19. April 1560 starb, auf ein überaus folgenreiches Wirken und ein reich erfülltes Leben zurückblicken.

IV. Melanchthon als Humanist, als Theologe und als politischer Führer der Reformation

Philipp Melanchthons Leben als Schüler und Student war grundlegend geprägt durch den ursprünglich aus italienischem Renaissance-Geist gespeisten deutschen Humanismus, der sich den Büchern, den antiken Sprachen, der antiken Literatur und Kultur verschrieben hatte. Dies läßt sich seinen bis 1518 erfolgten Publikationen unschwer entnehmen. In diesem humanistischen Treiben und Wirken ging er ganz auf, das Thema der Religion stand dabei eher nur am Rande des wissenschaftlichen und literarischen Interesses, auch wenn natürlich – wie es aufgrund der damaligen Verhältnisse,

Luthers und Melanchthons Gräber in der Schloßkirche Wittenberg Aufnahme: Landesbildstelle Baden

die ja *alles* individuelle und gesellschaftliche Geschehen unter religiöse Vorzeichen stellten, gar nicht anders denkbar war - religiöse Kategorien und Deutungsmuster geradezu omnipräsent waren.[4]
Dies sollte sich für ihn grundlegend ändern durch den Ruf auf den Lehrstuhl für die griechische Sprache an der Artistenfakultät der Universität Wittenberg. Hier betrat Melanchthon das neue reformatorische Kraftzentrum, und insbesondere trat er in den Bannkreis Martin Luthers ein. Und aufgrund dieses Kontaktes mit Luther und der neuen religiös-reformatorischen Bewegung verschoben sich bei ihm sehr schnell die Wertigkeiten. Die neue religiös-theologische Glaubenserkenntnis von der bedingungslosen Liebe Gottes zum im Grunde sündig-unwürdigen Menschen erfaßte ihn mit elementarer Intensität, die dann in ihrer tiefen existentiellen und in der Folge dann auch literarischen Ausprägung der Erfahrung Luthers nur wenig nachstand, ja dieser zumindest streckenweise ebenbürtig und kongenial war.
Innerhalb nur weniger Jahre vollzieht sich bei Melanchthon diese Neuorientierung. Mit seinen 1521 veröffentlichten *»Loci communes«* ist ein erster Höhepunkt seiner neuen und tiefgreifenden reformatorischen Prägung gegeben. In einer stringent-luziden und systematischen Form, zu der ein Luther in diesen Zeiten des ständigen aufwühlenden Angefochtenseins und Kämpfens wohl nicht fähig war, legt er hier eine über Jahrzehnte, ja in der Folge dann Jahrhunderte gültig bleibende Ausprägung des reformatorischen Glaubensbestandes vor, die ihresgleichen suchte.
Nun darf man sich das Verhältnis von Humanismus und reformatorischem Denken bei Melanchthon ab 1518 nicht dergestalt vorstellen, als ob er dem Humanismus den Abschied gegeben hätte und an dessen Stelle dann das neue reformatorische Gedankengut Platz gegriffen hätte. Melanchthon integrierte gleichsam seinen humanistischen Ansatz in das neue religiöse Denken; er fand damit zu einer Art Legierung beider Impulse, wobei der Humanismus wohl schwergewichtig das formal-methodische Instrumentarium lieferte, während die reformatorischen Erkenntnisse eher die normativ-inhaltliche Prägung verkörperten. Diese Zusammenhänge lassen sich etwa recht deutlich an Melanchthons Umgang mit den antiken Sprachen seit seinem Wechsel nach Wittenberg demonstrieren. Nach wie vor blieb in der Wittenberger Zeit die grundlegende humanistische Orientierung an den antiken Sprachen des Lateinischen, des Griechischen und auch des Hebräischen bei ihm erhalten. Er stellte aber jetzt seine extraordinäre Sprachkompetenz vorwiegend in den Dienst der Übersetzung und der Interpretation der biblischen Schriften, die ja auch der antiken Periode zuzurechnen sind, ohne daß er jedoch gänzlich seine Beschäftigung mit den profanen antiken Texten und Schriftstellern aufgegeben hätte. Luthers Sprachgeschichte verkörpernde deutsche Übersetzung des Neuen (1522) und des Alten Testaments (1534) wäre wohl ohne die Hilfestellung Melanchthons zumindest in dieser Form nicht möglich gewesen - ging ja schon alleine die Anregung zur Übersetzung des Neuen Testaments während des Wartburgaufenthaltes auf den Magister Philippus zurück. Und Melanchthon wiederum gelang es mit Luthers Hilfe - wie oben schon erwähnt - in die Tiefen der re-

formatorischen Theologie vorzudringen. Mit Luther gemeinsam stieß er zur Ausformulierung einer reifen reformatorischen Theologie vor, die sich an einem dreifachen »sola« festmachen läßt: allein Christus, allein durch den Glauben, allein die Schrift. Wie eng und sich gegenseitig inspirierend die Zusammenarbeit und Weggenossenschaft zwischen Luther und Melanchthon war, dies soll hier am Gegenstand der Anthropologie und deren Konsequenzen für den Umgang mit der Welt und speziell auch der Politik demonstriert werden. Melanchthon war von seiner ursprünglichen humanistischen Ausbildung und Prägung her ganz einem anthropologischen Optimismus zugetan, der darauf vertraute, daß der Mensch von sich aus zur Verbesserung der Weltzustände fähig sei, wenn man ihn nur entsprechend zu den menschlichen Tugenden bilde und erziehe. Das Vertrauen in die gleichsam Selbstwirksamkeit der Wissenschaften, die »eruditio«, war bei ihm – wie bei nahezu allen Humanisten – ursprünglich sehr groß. Man muß – so diese Anschauung – den Menschen nur mit dem gebündelten Wissen der Menschheit bekannt machen, dann werde sich quasi automatisch seine Haltung und damit letztlich auch der Zustand von Welt und Menschheit insgesamt bessern. Der Mensch könne dies, wenn er nur wolle, zweifelsohne realisieren.

Philipp Melanchthon
Lucas Cranach
Holzschnitt 1561
Größe: 24,9 x 14,9 cm
(Universitäts- und Landesbibliothek Halle-Wittenberg,
Abt. Sondersammlungen: Vc 137 M 42 g)
Der alte Melanchthon stehend mit seinem Wappen rechts oben
Häufig abgewandelter und später nachgestochener Holzschnitt aus der Cranach-Werkstatt

Diesem humanistischen Vertrauen in die Fähigkeit zur Perfektibilität des Menschen und der Welt stand jedoch das religiös-theologisch fundierte Mißtrauen des neuen reformatorischen Glaubens strikt entgegen. Wenn der Mensch ausschließlich und alleine auf Gottes gnädigen Willen vertrauen und seinen Glauben darauf setzen solle, so mußte dies geradezu zwangsläufig auch heißen, daß er von sich aus zum Guten in keiner Weise fähig sein konnte. Konnte dies in streng theologischer Sicht in erster Linie aber nur bedeuten, daß der Mensch unfähig sei, von sich aus sein Verhältnis zu Gott ins reine zu bringen, so lag jedoch auch ein nicht geringes Gefälle in diesem Theologoumenon hin zur Anschauung, daß der Mensch auch in seinem Verhältnis zur Welt und zu seinen Mitmenschen von sich aus zur Erreichung des Guten keineswegs fähig sei.

Luther hat in den Jahren 1524/25 mit Erasmus von Rotterdam, dem ungekrönten Haupt des Humanismus, den Streit um die damit in Frage stehende Willensfreiheit des Menschen ausgetragen und dem Humanismus und seiner Behauptung des freien Willens schroff seine theologische Lehre vom unfreien Willen des Menschen entgegengehalten, wobei er sich auf spekulative Weise tief in die Geheimnisse der göttlichen Prädestination von Mensch und Welt vorwagte, um seine biblisch begründete Anschauung von der grundlegenden Verderbnis und der deshalb auf die göttliche Gnade angewiesenen menschlichen Natur zu illustrieren. In diesem Dissens zwischen Luther und Erasmus entschied sich auch das Verhältnis von Reformation und Humanismus, der schon lange die bildungskritischen und von einem anthropologischen Pessimismus gekennzeichneten Äußerungen der Reformation mißtrauisch betrachtete.

Der bei Melanchthon unzweifelhaft vor Wittenberg gegebene humanistisch fundierte anthropologische Optimismus wird in den Anfangsjahren der Zusammenarbeit mit Luther gleichsam theologisch überformt. Einen ersten Höhepunkt dieses Prozesses der Annäherung an die Theologie Luthers bildeten wohl die »Loci communes rerum theologicarum seu hypotyposes theologicae« (1521), in denen Melanchthon weder im Blick auf die inneren noch die äußeren Werke des Menschen »irgend eine Freiheit« konzedieren kann:

»Si ad praedestinationem referas humanam voluntatem, nec in externis nec in internis operibus ulla est libertas, sed eveniunt omnia iuxta destinationem divinam.«[5]

Aber ein solcher konsequent-rigider, theologisch-anthropologischer Pessimismus konnte für Melanchthon und die neue reformatorische Bewegung nicht das letzte Wort in dieser Angelegenheit sein, wäre damit doch schlußendlich jegliches weltliche, ethische, politische und - wie wir unten noch sehen werden - auch pädagogische Engagement ad absurdum geführt worden.

Als sich für die Wittenberger Theologen nach den Klärungen und Trennungen in der ersten Hälfte der zwanziger Jahre - insbesondere gegenüber den »Altgläubigen« und den von Luther so bezeichneten »Schwärmern« - die Notwendigkeit ergab, die neue

Bewegung mittels entsprechender organisatorisch-institutioneller Strukturen auf Dauer zu stellen, hatte dies konsequenterweise auch Auswirkungen auf die theologische und die anthropologische Theoriekonzeption. In Hinsicht auf das anthropologische Konzept bedeutete dies, daß in der Bestellung der weltlichen Dinge – also in den ethischen, politischen und den Erziehungs- und Bildungsfragen – dem Menschen durchaus Möglichkeiten der Mitwirkung und der Gestaltung der Welt zugetraut und zugesprochen wurden. Dies lief letztlich auf ein synergistisches Konzept hinaus, das in Hinsicht des jenseitigen Heils des Menschen alles auf Gott setzte, im Blick auf das irdische Wohl jedoch dem menschlichen Willen eine relative Autonomie konzedieren konnte. Der weltliche konnte so gegenüber dem religiösen Bereich sein relatives Recht behaupten. Es wird hier die These vertreten, daß nicht zuletzt Melanchthon diese Synthese von Religion und Ethik, von Reformation und Humanismus mit kreiert hat. Er hatte damit ein Handlungsmodell mit erarbeitet, das über die dem Reformationsjahrhundert vor- und aufgegebenen Fragestellungen hinaus historische Wirksamkeit entfalten sollte: Damit war nämlich die dialektisch-strukturierte, später so genannte protestantische »Zwei-Reiche-Lehre« grundgelegt, die in Glaubensfragen alles auf die Liebe Gottes zum Menschen gründete, in bezug auf die Gestaltung der Immanenz

Zinnkrug Philipp Melanchthons
Zinngießer Christoph Wiegold
Marienberg/Sachsen
Ende 16. Jh.
(Marienbibliothek Halle)

dem Menschen aber einen großen Spielraum zu eröffnen vermochte und damit in charakteristischer komplementärer Weise anthropologischen Pessimismus *und* Optimismus zusammenzudenken verstand.
Neben den ihm gegebenen humanistischen und theologischen Fähigkeiten entwickelte Melanchthon in seiner Wittenberger Zeit jedoch auch noch andere Kompetenzen. Erinnert sei hier an seine organisatorischen, ja auch an seine politischen Qualitäten, die ihn bald schon in den Rang des neben Luther führenden Vertreters der Reformation bringen sollten. Insbesondere bei Gelegenheiten, in denen Luther nicht selbst die Geschicke der von ihm initiierten Bewegung lenken und leiten konnte, sprang Melanchthon als der gleichsam natürliche Stellvertreter Luthers in diese Bresche. Dies deutete sich schon in den Jahren 1521/22 an, als Luther seinen Zwangsaufenthalt auf der Wartburg verbringen mußte und zeitweise die Situation in Wittenberg zu eskalieren drohte, da eschatologisch-apokalyptisch inspirierte Geister – u.a. die sogenannten »Zwickauer Propheten« – mit übereilten Reformen den Prozeß der Reformierung der Kirche und auch der Gesellschaft beschleunigen wollten. Und die quasi politische Führungsrolle Melanchthons fand einen ersten Höhepunkt in seinem Wirken auf dem Augsburger Reichstag des Jahres 1530, an dem Luther ja aufgrund der gegen ihn ver-

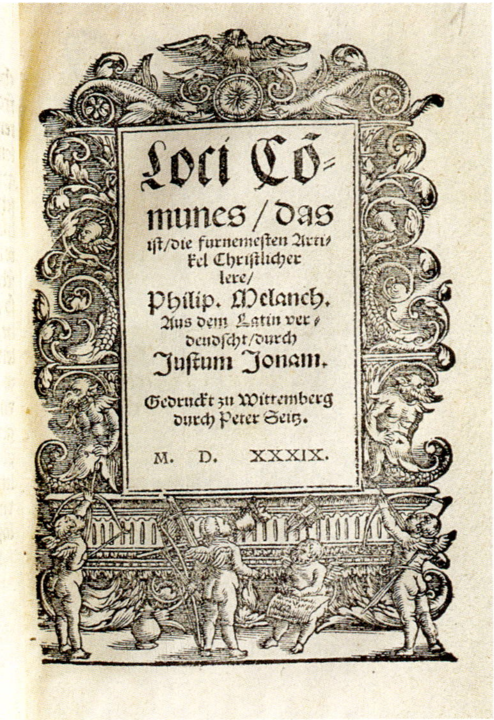
Loci Cō-
munes / das
ist/die furnemesten Arti-
kel Christlicher
lere/
Philip. Melanch.
Aus dem Latin ver-
deudscht/durch
Justum Jonam.
Gedruckt zu Wittemberg
durch Peter Seitz.
M. D. XXXIX.

Philipp Melanchthon
Loci communes, das ist die furnemesten
Artikel christl. Lere
(übersetzt durch Justus Jonas)
Wittenberg 1539
(Marienbibliothek Halle)

hängten Reichsacht und des Kirchenbanns nicht teilnehmen konnte. Hier profilierte sich Melanchthon als *der* Sprecher und Führer des Protestantismus, der mit den Reichsständen und den Vertretern der römischen Kurie verhandelte und in der Sitzungsperiode des Reichstages schließlich im sogenannten »Augsburger Bekenntnis« und der »Apologie« dieses Bekenntnisses die dann über Jahrhunderte bis in unsere Gegenwart hinein in den lutherischen Kirchen in Gültigkeit stehende Gestalt des reformatorischen Glaubensbekenntnisses ausformulierte. Daß dieses Engagement letztlich doch nicht dazu führte, die Einheit der Kirche zu retten, dies läßt sich sicherlich nicht negativ auf Melanchthons Konto verbuchen. Die komplexen, ja verwickelten politischen, theologischen und kirchlichen Verhältnisse der Zeit waren nicht danach. Was sich Melanchthon nach Sichtung aller zugänglichen Quellen jedoch uneingeschränkt bescheinigen läßt, ist eine tiefgegründete, von reformatorischem Geist durchdrungene theologische Identität einerseits sowie andererseits ein auf Ausgleich und Versöhnung mit den Gegnern hinarbeitender Geist und Wille, was er nicht nur im Diskurs mit den kaiserlichen Räten und der römischen Kirche an den Tag legte, sondern auch im Gespräch der Wittenberger mit der Schweizer Theologie eines Zwingli und Calvin, und hier insbesondere in der Auseinandersetzung um das rechte Verständnis des Abendmahls, d.h. der Gegenwart Christi in den Sakramentalien Brot und Wein. Auch in späteren Jahren und im Gespräch mit der römischen Theologie bewährte er erneut diese Qualitäten des Ausgleichs und der Versöhnlichkeit. Zu erinnern ist in diesem Zusammenhang nochmals an seine Rolle bei den Religionsgesprächen 1540/41 in Worms und Regensburg. Wann immer in diesen Jahren hochrangige theologisch-politische Gespräche und Verhandlungen anstanden, mußte sich Melanchthon im Auftrag seiner kursächsischen Landesfürsten, die ja gemäß der reformatorischen Konzeption neben ihrer politischen auch die kirchliche Funktion eines »summus episcopus« innehatten, auf diese häufig sehr beschwerlichen diplomatischen Reisen begeben.

Aber auch noch auf anderen Wegen und Feldern manifestiert sich Melanchthons Einfluß auf die gesellschaftlichen und politischen Verhältnisse seiner Zeit. So pflegte er etwa eine umfangreiche Korrespondenz mit bedeutenden Persönlichkeiten und auch Herrschern. Zu nennen wären hier beispielsweise Erasmus von Rotterdam, Johannes Calvin, Landgraf Philipp von Hessen und auch das sächsische Kurfürstenhaus ebenso wie diverse Magistrate deutscher und auch ausländischer Städte. Immer wieder wurde er um Rat, Stellungnahme und Gutachten angegangen, und immer wieder bekam er auch einflußreiche Posten angeboten, von denen er sich jedoch nicht verlocken ließ, Wittenberg und seiner dortigen Stellung untreu zu werden. Anstelle seiner eigenen Person vermittelte er statt dessen eine Vielzahl seiner Schüler in alle Gegenden Europas, die sich der Reformation geöffnet und zugewandt hatten. Auf diese Weise, nämlich durch das Wirken seiner Schüler, potenzierte er gleichsam seinen Einfluß.

Das Feld aber, in dem Melanchthon vermutlich seine größte und nachhaltigste Wirkung entfaltete, nämlich dasjenige von Bildung, Erziehung und Schule, soll nachfolgend in einem eigenen Kapitel behandelt werden.

V. Der »Praeceptor Germaniae«: Melanchthons pädagogisches Wirken

Es ist an dieser Stelle etwas weiter auszuholen, um die Komplexität des Verhältnisses von Bildung und Reformation und von Melanchthons Stellung in diesem Kräftefeld angemessen zu beschreiben.
Luther selbst waren die Bedeutung und die zwingende Notwendigkeit pädagogischer Überlegungen und Aktivitäten, um die von ihm angestoßene Bewegung auf Dauer zu stellen, schon recht früh bewußt geworden. Neben einer Reihe explizit ausgewiesener pädagogischer Reformschriften - wie etwa »An die Ratsherrn aller Städte deutschen Landes, dass sie christliche Schulen aufrichten und halten sollen« (1524) und dem »Sermon oder Predigt, dass man solle Kinder zur Schule halten« (1530) - finden sich an zahllosen Stellen seines sonstigen überaus reichhaltigen Schrifttums immer wieder auch pädagogische Bezüge, die verdeutlichen, wie wichtig er die pädagogische Seite seiner Aktivitäten genommen hat.
Dabei war es keineswegs von vorneherein ausgemacht, daß Reformation und Pädagogik sich ergänzen und befruchten sollten. Innerhalb der neuen reformatorischen Bewegung gab es anfangs durchaus auch eine bildungskritische Grundströmung, die Bildung als identisch mit mittelalterlicher kirchlich-scholastischer Gelehrsamkeit überhaupt ablehnte.[6] In schwärmerischer Haltung wurde hier dann bisweilen ein religiöser Spiritualismus und Absolutismus gelehrt und gelebt, wonach neben die Schrift die in jedem Menschen vorhandene Geistbegabung als zweite Quelle göttlicher Offenbarung treten sollte. Zur Illustration dieser Position sei auf Andreas Bodenstein (ca. 1480–1541), nach seinem Geburtsort auch Karlstadt genannt, verwiesen, der zumindest zeitweise einen radikalen Verzicht auf schulische und akademische Bildung propagierte und seine Gefolgsleute aufrief, statt dessen sich dem Ackerbau zuzuwenden.[7] Hier kamen Impulse der alten gnostisch-mystischen Vorstellung zum Tragen, nach der der Geist eines jeden Menschen die Verkörperung bzw. Emanation der göttlichen Urkraft darstellt.
Luther hatte schon sehr früh auf die Bedeutung pädagogischen Wirkens hingewiesen. In einer seiner ersten Reformschriften mit dem Titel »An den christlichen Adel deutscher Nation von des christlichen Standes Besserung« (1520) baut er in der fünfundzwanzigsten seiner Gravamina eine Brücke zwischen Bildung und christlichem Glauben:

»Vor allen Dingen sollte in den hohen und niederen Schulen die vornehmste und allgemeinste Lektion sein die Heilige Schrift und den jungen Knaben das Evangelium. Und wollte Gott, eine jegliche Stadt hätte auch eine Mädchenschule, darinnen täglich die Mägdlein eine Stunde das Evangelium hörten, es wäre deutsch oder lateinisch ... Sollte nicht billig ein jeglicher Christenmensch bei seinen neun oder zehn Jahren wissen das ganze heilige Evangelium, da sein Namen und Leben drin steht?«[8]

Verschiedenes scheint an dieser Aussage meines Erachtens bemerkenswert zu sein. Bildung wird in dieser Perspektive gewissermaßen demokratisiert: Ein jeglicher Christenmensch sollte in ihren Genuß kommen, auch die Mädchen – eine für die damalige Zeit sicherlich geradezu revolutionäre Vorstellung. Auch sollte Bildung nicht mehr exklusives Privileg des geistlichen Standes sein. Dem stand schon allein Luthers Theologoumenon vom allgemeinen Priestertum aller Gläubigen entgegen. Dieser primär religiös legitimierte Appell zur Initiierung pädagogischer Bemühungen setzte aber natürlich über den religiösen Sektor hinaus auch noch andere Potentiale frei: Bildung, einmal angestoßen, war aufgrund der ihr innewohnenden formalen Strukturen und Dynamik nicht mehr ausschließlich religiös gebunden, sondern konnte sich natürlich auch auf anderen Gebieten entfalten – ein für die Geschichte des Protestantismus ungemein wichtiges Faktum. Der Protestantismus wurde so zu einem Bildungsfaktor allerersten Ranges. In der Folgezeit bis in die Gegenwart hinein hat er ungezählte Dichter und Denker, Wissenschaftler und Philosophen hervorgebracht, die das geistige Leben nicht nur Deutschlands maßgeblich geprägt haben.[9]

Als der eigentliche pädagogische Protagonist der deutschen Reformation wird aber sicherlich zu Recht Philipp Melanchthon angesehen. Man geht vermutlich nicht fehl, wenn man unterstellt, daß auch die von Luther ausgehenden pädagogischen Impulse zu einem nicht geringen Teil auf Melanchthon zurückgehen. Die Bedeutung, die Melanchthon auf diese Weise als Pädagoge und Lehrer für die reformatorische Bewegung in Deutschland erlangte, wurde in dem Ehrentitel zum Ausdruck gebracht, den man ihm schon zu seinen Lebzeiten beilegte: Er wurde der »Praeceptor Germaniae«, der »Lehrer Deutschlands«, genannt, eine Ehrenbezeichnung, die in der deutschen Bildungsgeschichte nur noch auf den mittelalterlichen Klosterlehrer Hrabanus Maurus (780–856) Anwendung findet.

Melanchthons pädagogisches Denken und Wirken soll im folgenden auf drei Aspekte hin zugespitzt und herausgearbeitet werden.[10] Zum einen wird es in diesem Kontext um die Grundlegung jeglicher pädagogischen Arbeit in einem dieses Tun fundierenden anthropologischen Entwurf gehen, ohne den Bildung und Erziehung nicht sinnvoll konzipiert und praktiziert werden können. Auch Melanchthon war sich dieser zwingend notwendigen anthropologischen Basis aller Pädagogik bewußt: Ohne eine konkrete Vorstellung vom Menschen, seinem Wesen, seinem Woher und Wohin war pädagogisches Handeln auch für ihn nicht realisierbar. Zum zweiten begegnet uns in Melanchthon der Begründer einer protestantischen Schulwissenschaft. Als humanistisch geprägter Gelehrter hing er dem Ideal des universal und enzyklopädisch gebildeten Menschen an, der nach Möglichkeit das gesamte Wissen seines Zeitalters rezipieren sollte und wollte. Um auch der nachwachsenden Generation diese Möglichkeit zu eröffnen, verfaßte Melanchthon diverse wissenschaftspropädeutische Schriften aus den unterschiedlichsten Disziplinen und bemühte sich um eine neue philosophisch-theologische Grundlegung des Wissenschaftssystems seiner Epoche. Und schließlich ist hier drittens noch auf die von Melanchthon ausgehenden Anregungen und Impulse zur Neuorganisation des Schul- und Bildungswesens seiner Zeit hinzuweisen, insbesondere des höheren Schulwesens.

Wir haben oben bei der Darstellung von Melanchthons theologischer Position schon auf seine Anthropologie und ihre Konsequenzen für seine Sicht des Umgangs mit der Welt hingewiesen. Das in diesem Kontext Festgestellte gilt natürlich ganz uneingeschränkt auch für seine pädagogische Anthropologie. Erziehung und Bildung konnten so nur sinnvolle menschliche Tätigkeiten sein, wenn durch sie der Mensch auch tatsächlich etwas bewirken konnte, also einen bestimmten Handlungs- und Freiheitsspielraum zugesprochen bekam und nicht alles durch göttliche Determination als festgelegt vorgestellt wurde. Dies hätte erziehende und bildende Tätigkeit insgesamt ad absurdum geführt.

Und diese positive anthropologische Qualifizierung konnte dann durchaus auch zusammen existieren mit der religiösen Glaubensaussage, daß in Sachen seines Heils dem Menschen jegliche Selbstverwirklichung versagt blieb und alles auf das Vertrauen zu Gott gesetzt werden mußte. Auch im Bereich der Erziehung und Bildung bewährte sich damit wiederum das dialektisch-synergistische Konzept, das anthropologischen Optimismus *und* anthropologischen Pessimismus miteinander verschränkte und so der Pädagogik ein relativ weites Feld des Handelns eröffnete.

In der biographischen Annäherung an Melanchthon wurde oben bereits auf seine frühen Auseinandersetzungen mit der traditionellen Wissenschaftstheorie des mittelalterlichen Aristotelismus aufmerksam gemacht. Der Ansatz und das disziplinäre System der klassischen septem artes liberales sowie der Wissenschaften der oberen Fakultäten reichte in Melanchthons Perspektive weder inhaltlich noch methodisch hin, um die neuen revolutionierenden Erkenntnisse der Zeit bruchlos zu integrieren. In verschiedener Richtung weitete er den Kosmos der traditionellen Wissenschaftssparten aus: Neben der Geschichte, der Geographie und der Poetik integrierte er dabei in erster Näherung auch die zur damaligen Zeit aufkommenden Naturwissenschaften in sein System wissenschaftlicher Disziplinen. Oben wurde auch schon darauf hingewiesen, daß er in seiner frühen Zeit, also vor Wittenberg, bereits eine ganze Reihe von in die jeweilige Wissenschaft einführenden Schriften verfaßt hatte. Unter Luthers prägendem theologischen Einfluß bestand für Melanchthon zu Beginn der zwanziger Jahre in Wittenberg die Gefahr, mit der neuen reformatorischen Theologie im Rücken in ein Ressentiment gegenüber allen wissenschaftlichen Anstrengungen des Menschen überhaupt zu verfallen, da die alles andere gleichsam überdeckende religiös-theologische Erkenntnis von der absoluten Erlösungsbedürftigkeit des Menschen für ihn auch den Stellenwert der Wissenschaften zu eliminieren drohte. In der Auseinandersetzung mit den »Schwarmgeistern« und ihrer Abwertung der Gelehrsamkeit wurde für Melanchthon jedoch erneut die Wichtigkeit der wissenschaftlichen Erkenntnis evident, auch wenn die Gelehrsamkeit schlußendlich nicht zum Selbstzweck werden durfte, sondern immer in ihrer dienend-instrumentellen Funktion für Theologie und Gotteserkenntnis gesehen werden mußte.

Unter diesen Prämissen verfaßte Melanchthon dann erneut seit Mitte der zwanziger Jahre grundlegende wissenschaftspropädeutische Werke, die zwar keine vollkommen neue Forschungserkenntnisse präsentierten, die jedoch in methodisch und inhaltlich vorbildlicher Weise das Wissen des 16. Jahrhunderts enzyklopädisch orientiert komprimieren und an die lernende und studierende Jugend weitergeben. Auf diese Weise sind von ihm nahezu zu allen wissenschaftlichen Disziplinen seiner Zeit - von den klassischen septem artes liberales bis hin zur Psychologie (»*Commentarius de anima*«, 1540) und immer wieder zur Ethik (so etwa »*Ethicae doctrinae elementa*«, 1550) - einschlägige Lehrbücher verfaßt worden, von denen nicht wenige bis in die nachfolgenden Jahrhunderte hinein in Gebrauch standen und so eine bildungsgeschichtlich weitreichende Wirkung entfaltet haben. Und für das Studium der dogmatischen Theologie schuf er mit seinen schon mehrfach erwähnten »*Loci communes*« von 1521, die er immer wieder überarbeitete, geradezu einen neuen Typus des Lehrbuchs, das die elementaren Topoi der Theologie der Reihe nach behandelte. Zur methodischen und auch rhetorischen Schulung der Studierenden in den Wissenschaften belebte Melanchthon schließlich an der Universität im Rahmen der von ihm initiierten Studienreform solche Formen wie die Disputation und insbesondere die Deklamation, die er selbst - trotz eines kleinen Sprachfehlers - meisterhaft beherrschte.

Der dritte Bereich, anhand dessen Melanchthons pädagogisches Denken und die über seine Zeit hinausreichende Wirkungsgeschichte transparent gemacht werden sollen, ist die Bildungs- und Schulpolitik. Immer wieder ist in den einschlägigen Darstellungen die außergewöhnliche Bedeutung der Reformationsepoche für die Geschichte und die Entwicklung des Schulwesens in Deutschland hevorgehoben worden. Für Eduard Spranger und Wilhelm Flitner verkörperte die Reformation eine zentral wichtige »Wurzel« bzw. »Quelle« des deutschen Schulsystems. War es dabei Luther - wie wir oben schon sehen konnten - in erster Linie um die Errichtung von Elementarschulen für das einfache Volk zu tun gewesen, die jedem Christen die elementaren Kulturtechniken des Lesens und Schreibens verfügbar machen konnten, um ihm den Zugang zum Wort Gottes in der Schrift zu erschließen, so ging es dem Humanisten Melanchthon insbesondere um die höhere Bildung, also um die Lateinschulen wie auch um die Universitäten.

Für die Organisation eines neu zu strukturierenden Schulwesens nahmen Luther und Melanchthon - ebenso wie für den Schutz des neuen Kirchenwesens - die Landesherrn und die Territorialgewalten in die Pflicht, was diese jedoch nicht ungern geschehen ließen, konnten sie sich damit doch eines weiteren Machtinstrumentes auf dem Weg zum Ausbau ihrer landesherrlichen Gewalt hin zum frühabsolutistischen Staat bedienen.[11] Die deutsche Schule blieb als ein Reflex dieser Weichenstellungen bis in unser Jahrhundert hinein eine 'res mixta', institutionell angesiedelt zwischen den Größen Staat und Kirche. Die diversen Kirchenordnungen des 16. Jahrhunderts und der Folgezeit waren damit immer auch Schulordnungen. Mit seinen Plänen zur Organisation der höheren Schulen traf Melanchthon auch insofern auf das breite Interesse der Magistrate der Städte und der Landesfürsten, als sich diese von wohl geordneten höheren Schulen auch kundige Verwaltungsbeamte und theologisch gut geschulte Prediger erhofften.

In seinem *»Unterricht der Visitatoren an die Pfarrherrn im Kurfürstentum Sachsen«* aus der zweiten Hälfte der zwanziger Jahre bietet Melanchthon auch schulorganisatorische und pädagogisch-didaktische Überlegungen. In gut humanistischer Prägung ist es ihm vor allem um die Schulung in der Sprache, und hier wiederum in der lateinischen Sprache zu tun. Er warnt vor einer zu großen »Mannigfaltigkeit« und fordert dagegen die Konzentration auf weniges und wesentliches. Und er plädiert schließlich dafür, die gesamte Schülerschaft einer Schule in drei Klassen bzw. Haufen, wie er es ausdrückt, einzuteilen – für die damalige Zeit, die bevorzugt den Einzelunterricht von Magister zu Schüler bzw. zur Kleingruppe betrieb, eine unter lern- und unterrichtsökonomischen Aspekten betrachtet sicherlich wichtige innovatorische Forderung. *»Der erste Haufe sind die Kinder, die lesen lernen«* und zwar anhand eines *»Handbüchlein, darin das Alphabet, Vaterunser, der Glaube und andere Gebete stehen.«*[12] Neben dem Lesenlernen ist die wichtigste Aufgabe dieser Stufe die Vergrößerung des Wortschatzes. *»Der zweite Haufe sind die Kinder, die lesen können; sie sollen nun die Grammatik lernen.«* Damit ist schon fast alles in bezug auf den Lehrplan und die Lerninhalte dieser Stufe zum Ausdruck gebracht: Deklinieren und Konjugieren, daneben das Erlernen der Syntax und der Etymologie sowie auch der Prosodie stehen auf dem Programm.[13] Auf dieser Stufe beginnt auch eine explizite religiöse Erziehung und Unterweisung. Als Inhalte nennt Melanchthon die dann klassisch gewordenen Katechismusstoffe: das Vaterunser, das Glaubensbekenntnis und die Zehn Gebote, weiterhin eine Auswahl von Psalmen und das Matthäusevangelium, für Fortgeschrittene auch *»die zwei Episteln des Paulus an Timotheus oder die ersten Episteln des Johannes oder die Sprüche Salomos«*.[14] Ausgespart wissen möchte er die von ihm so genannten *»Hadersachen«*, worunter er beispielsweise das Schmähen von Mönchen versteht, also insgesamt der zwischen den sich konstituierenden Konfessionen kontroverstheologischen Bereich.[15] Die dritte Klasse soll nicht für alle Schüler obligatorisch sein, sondern nur für die besten: *»Wenn die Kinder in der Grammatik wohl geübt sind, mag man die geschicktesten auswählen und den dritten Haufen machen.«*[16] Hier steht die Lektüre der klassischen lateinischen Texte und Autoren im Mittelpunkt, Übungen zur Dialektik und Rhetorik, die eigene schriftliche und mündliche Ausdrucksfähigkeit. In allen drei Stufen wird intensiv auch die Musik geübt. Damit ist in den Grundzügen das Curriculum Melanchthons skizziert.

Diese in Artikel 18 seines »Unterrichts der Visitatoren« entworfene dreiklassige Lateinschule wurde so auch zum Muster der höheren Schule über mehrere Generationen hinweg. Nicht wenige Landes- und Stadtherrn erbaten sich Melanchthons Rat bei der Ordnung ihrer höheren Schulen, mancher wollte ihn gar mit einem attraktiven Angebot von Wittenberg weg in seinen eigenen Herrschaftsbereich werben – jedoch ohne Erfolg.[17] Obwohl bei verschiedenen Schulordnungen der damaligen Zeit Melanchthons direkte Verfasserschaft noch nicht eindeutig nachgewiesen ist, läßt sich dies

im Blick auf die Schulordnungen anderer Gebiete und Städte recht eindeutig belegen, so etwa bei den Schulordnungen von Nürnberg (1526), Sachsen (1527/28), Herzberg (1538), Soest und Köln (beide 1543), Mecklenburg (1552) und der Kurpfalz (1556).[18]
Der »älteste bisher bekannt gewordene Lehrplan für eine evangelische Schule in Deutschland« ist derjenige der Lateinschule der Stadt Eisleben von 1525.[19] Obgleich die Eisleber Ordnung offiziell unter den Namen von Johannes Agricola und Hermann Tulich veröffentlicht wurde, sprechen doch manche Indizien dafür, daß Melanchthon der eigentliche Spiritus rector war. Hier tauchen nämlich erstmals die dann in den nachfolgenden Jahren von Melanchthon in seine Schulordnungen aufgenommenen Struktur- und Inhaltsmerkmale von Schule und Unterricht auf, so etwa die oben schon erwähnte Unterteilung der Schüler in drei Klassen bzw. Haufen, die diesen unterschiedlichen Abteilungen zugewiesenen Unterrichtsinhalte u.ä.
Und ebenso nachhaltig wie Melanchthons Einfluß auf die Reform der Schulen war seine Wirkung auf die Neuorganisation der Universitäten durch die Gestaltung von Studienordnungen. Dies trifft natürlich vorzugsweise für die Universität Wittenberg zu, für die er in der Zeit seines Rektorats eine neue Studienordnung in Kraft setzte; dies gilt beispielsweise aber auch für die Universitäten in Tübingen, Frankfurt an der Oder, Leipzig, Marburg, Rostock und Heidelberg.

VI. Nachwort: Die Reformation in mentalitätsgeschichtlicher Perspektive

Mentalitätsgeschichtlich betrachtet hat die Reformation – und haben damit ihre hervorragenden deutschen Repräsentaten Luther und Melanchthon – einen ganz substantiellen Beitrag zur Heraufführung der Moderne geleistet. Mit der alternativen Formierung und der schließlichen Etablierung des reformatorischen Bekenntnisses und der reformatorischen Kirchen neben dem bislang absolute Gültigkeit beanspruchenden, alleinseligmachenden katholischen Glauben und dessen Hüterin, der römischen Kirche, war die weltanschaulich-mentale Einheit des mittelalterlichen christlichen Abendlandes entscheidend getroffen und das Tor zu dem dann in den nachfolgenden Jahrhunderten sich herausschälenden religiös-weltanschaulichen Pluralismus aufgestoßen. Luthers Haltung auf dem Reichstag zu Worms im Jahre 1521 mit seinem Rekurs auf das Gewissen steht hier gleichsam symbolisch für das autonome, auch nicht durch geradezu übermächtig erscheinende Instanzen wie die römische Kirche und die mit ihr verbündeten politischen Mächte zu beugende Individuum. Das auch im Bereich des Glaubens Autonomie für sich reklamierende neuzeitliche Individuum wurde zum nicht hintergehbaren Maßstab der weiteren historischen Entwicklung.
Vermutlich wie kein anderer in seiner Zeit hat Philipp Melanchthon die Bedeutung der Bildung in diesem historischen Prozeß in ihren Grundzügen erkannt. Die Existenz nicht mehr nur eines religiös-weltanschaulichen Bekenntnisses, sondern zweier – und dann in der Folgezeit weiterer – solcher Optionen setzt die Beurteilungs- und Ent-

scheidungsfähigkeit des Individuums zwingend voraus. Und dies wiederum hat die entsprechende Ausstattung des Individuums, um derartige Entscheidungen überhaupt auf gesicherter Grundlage treffen zu können, zur conditio sine qua non - dieser Mechanismus ließe sich abbreviiert aber auch mit dem Terminus »Bildung« umschreiben. Mag sein, daß die Reformatoren - und mit ihnen Melanchthon - diese weitreichende historische Entwicklung noch nicht in aller Schärfe und Konsequenz erkannt und überschaut haben - erahnt haben sie dies jedenfalls.

Melanchthon - so läßt sich im Rückblick auf unsere Ausführungen feststellen - hat Modelle durchdacht und bereit gestellt, damit der neuzeitlich-moderne Mensch in dieser ganz sicher äußerst prekären Situation bestehen konnte und noch kann. In der von ihm in der eigenen Person und Existenz realisierten und repräsentierten Intellektualität und Bildung ist er gleichsam zu einem Prototyp modernen Menschseins geworden.

Festliche Einweihung des Melanchthondenkmals in Nürnberg
Kolorierter Kupferstich
1826 (Museen der Stadt Nürnberg)

Anmerkungen

1 ROBERT STUPPERICH, Philipp Melanchthon. Gelehrter und Politiker, Göttingen/Zürich 1996, S. 111.

2 WOLF-DIETER HAUSCHILD, Philipp Melanchthon, in: Protestanten. Von Martin Luther bis Dietrich Bonhoeffer, hg. von KLAUS SCHOLDER u.a., Frankfurt am Main 1992, S. 47–59, hier S. 59.

3 Vgl. hierzu GERHARD MÜLLER, Philipp Melanchthon zwischen Pädagogik und Theologie, in: Humanismus im Bildungswesen des 15. und 16. Jahrhunderts, hg. von WOLFGANG REINHARD (=Mitteilung XII der Kommission für Humanismusforschung), Weinheim 1984, S. 95–106, hier S. 97 f.

4 Vgl. hierzu GERHARD MÜLLER (wie Anm. 3), S. 95 ff.

5 Zitiert nach PHILIPP MELANCHTHON, Loci communes 1521. Lateinisch-Deutsch. Übersetzt und mit kommentierenden Anmerkungen versehen von HORST-GEORG PÖHLMANN, hg. vom Lutherischen Kirchenamt der Vereinigten Evangelisch-Lutherischen Kirche Deutschlands, Gütersloh 1993, S. 44.

6 Vgl. ALBERT REBLE, Geschichte der Pädagogik, Frankfurt am Main/Berlin/Wien 12. Aufl. 1981, S. 84 f.

7 Vgl. FRANZ HOFMANN, Pädagogik und Reformation. Von Luther bis Paracelsus. Zeitgenössische Schriften und Dokumente. Eingeleitet, ausgewählt und erläutert von Franz Hofmann, Berlin 1986, S. 19.

8 Vgl. WA 6, S. 461 (= D. MARTIN LUTHERs Werke. Kritische Gesamtausgabe. Weimar 1883 ff.).

9 Vgl. hierzu etwa: KLAUS SCHOLDER/DIETER KLEINMANN (Hrsg.), Protestanten. Von Martin Luther bis Dietrich Bonhoeffer, Frankfurt am Main 1992.

10 Vgl. hierzu auch FRANZ HOFMANN, Philipp Melanchthon und die zentralen Bildungsprobleme des Reformationsjahrhunderts, in: Philipp Melanchthon. Humanist, Reformator, Praeceptor Germaniae, Berlin 1963, S. 83–109.

11 Vgl. hierzu HORST F. RUPP, Religion – Bildung – Schule. Studien zur Geschichte und Theorie einer komplexen Beziehung (= Forum zur Pädagogik und Didaktik der Religion. Band 7), 2. Auflage Weinheim 1996, S. 36 ff.

12 Vgl. ALBERT REBLE, Geschichte der Pädagogik. Dokumentationsband, 3. Auflage Stuttgart 1993, S. 89.

13 Vgl. ALBERT REBLE (wie Anm. 12), S. 90.

14 Vgl. ALBERT REBLE (wie Anm. 12), S. 91 f.

15 Vgl. ALBERT REBLE (wie Anm. 12), S. 92.

16 Vgl. ALBERT REBLE (wie Anm. 12), S. 92.

17 Vgl. ROBERT STUPPERICH, Melanchthon, Berlin 1960, S. 51.

18 Vgl. hierzu HERMANN-ADOLF STEMPEL, Melanchthons pädagogisches Wirken. Bielefeld 1979.

19 Vgl. HERMANN-ADOLF STEMPEL (wie Anm. 18), S. 70.

PHIL.MELANCHTHON
DR.MARTIN LUTHER

Wappen · Der · Grafen · von · Mansfeld

Günther Wartenberg

Die Grafschaft Mansfeld in der Reformationszeit

Wenn wir uns mit der Geschichte der Grafschaft Mansfeld im 16. Jahrhundert beschäftigen, so gilt auch für dieses Territorium und dieses Jahrhundert, daß eine grundlegende Darstellung bisher fehlt, was um so bedauerlicher ist, da die Grafschaft durchaus eine Schlüsselstellung im mitteldeutschen Raum eingenommen hat. Die umfangreichste Darstellung verdanken wir dem Altmeister der mansfeldischen Geschichtsforschung dem Helbrarer Pfarrer Karl Krumhaar (1807–1881), der 1855 »Die Grafschaft Mansfeld im Reformationszeitalter« veröffentlichte. Um die Jahrhundertwende bemühte sich der Eisleber Pfarrer Max Könnecke (1855–1911) um die Kirchenvisitationen.[1] Neuere Arbeiten stammen von Arno Sames zu Luthers Beziehungen zu den Mansfelder Grafen, von Dieter Stievermann zu den gräflichen Räten und von Richard Nürnberger zu den Kirchenvisitationen, der vor allem auf Könnecke fußt.[2]
Die Grafschaft wurde bisher vor allem als Herkunftsgebiet Luthers gewürdigt, unter Berücksichtigung der sehr engen verwandschaftlichen und freundschaftlichen Beziehungen zwischen dem Reformator und der politischen und wirtschaftlichen Oberschicht der Grafschaft. Unberücksichtigt blieben weitgehend die Entwicklungen in diesem Territorium selbst, die politische Realität zwischen dem ernestinischen und dem albertinischen Sachsen sowie Reich und Kaiser, die Rolle der Grafen im Reformationsprozeß, der Verlauf der reformatorischen Veränderungen unter besonderen Bedingungen eines Territoriums, das sich auf dem Weg von der Reichsunmittelbarkeit in die Landsässigkeit befand, das nach einem wirtschaftlichen Aufschwung und einer Blütezeit durch den Bergbau den wirtschaftlichen Zusammenbruch erleben mußte. Die Wittenberger Reformatoren schenkten der Grafschaft ihre besondere Aufmerksamkeit, was sich vor allem bei Personalentscheidungen zeigte, nicht zuletzt beim Aufbau des Eisleber Gymnasiums.
Die Mansfelder Theologen nahmen eine wichtige Rolle in den nachlutherischen Streitigkeiten wahr, besonders in den Auseinandersetzungen um den Flacianismus. Kaum vergleichbar ist das Aufeinandertreffen von Bauernkrieg (Thomas Müntzer), reformatorischem Erneuerungswillen und altgläubigem Beharrungsstreben in einem Territorium. Berücksichtigt werden auch Männer, die einerseits aus der Grafschaft stammen oder die andererseits zeitweise dort wirkten, den Veränderungsprozeß von Kirche und Gesellschaft mitgestaltet und mitgeprägt haben.
Schließlich spiegelt sich im Handeln Graf Albrechts IV. (1480–1560) zwischen 1530 und 1560 die Reichsgeschichte wieder.

1. Die Grafschaft Mansfeld zwischen Wettinern und Reich.

Die Grafschaft Mansfeld gehörte zum Obersächsischen Reichskreis und umfaßte im 16. Jahrhundert die neun Städte Eisleben, Hettstedt, Gerbstedt, Artern, Schraplau, Allstedt, Heldrungen, Leimbach und Mansfeld sowie etwa 150 Dörfer. Es galt als aufstrebendes Territorium. Joachim Camerarius (1500–1574) wird das Sprichwort zugeschrieben: *»Wen der Herr lieb hat, dem gibt er eine Wohnung in der Grafschaft Mansfeld.«*[3] Ursprünglich beherrschten Wettiner das Mansfelder Land. Der Name geht auf die um 1075 erbaute Burg Mansfeld zurück. Im 12. und 13. Jahrhundert ist das Geschlecht der Grafen von Mansfeld nachweisbar, das 1229 ausstarb, aber über die Heirat der Tochter Sophia des Grafen Burchard VI. erbten die Grafen von Querfurt eine Teil der Grafschaft und stellten die jüngere Linie der Grafen von Mansfeld. Diese nahm von 1229 bis 1780 Herrschaftsaufgaben wahr. Neben Reichslehen, von denen einige mit dem Bergregal im 15. Jahrhundert an Sachsen fielen, setzte sich der Besitz aus Lehen der

Luther und Melanchthon mit den Kurfürsten
Balthasar Schwan
Kupferstich 1617

Angefertigt anläßlich des 100jährigen Jubiläums des Thesenanschlags Martin Luthers. Luther und Melanchthon, umgeben von den sächsischen Kurfürsten Friedrich und Johann Georg.

Erzbischöfe von Magdeburg, der Bischöfe von Halberstadt sowie der Herzöge von Sachsen und Braunschweig zusammen.

Seit dem 14. Jahrhundert gelang es, wichtige Gebiete zu erwerben, teilweise vom Erzbischof von Magdeburg, von benachbarten Grafen, aber auch von Kursachsen, so 1371 Amt Schraplau von Magdeburg, Amt Arnstein 1387 von Regenstein, 1452 Amt Artern von Heldrungen, 1484 Amt Heldrungen von Honstein, 1525 Amt Allstedt und Stift Saalfeld von Kursachsen. Es war vor allem Graf Albrecht IV., der durch seine Verbindungen zu Kursachsen im 16. Jahrhundert die Gebietserweiterungen erreichte, die aber alle in die zwanziger Jahre fielen, denn bereits im nächsten Jahrzehnt begannen auch für diesen Grafen die wirschaftlichen Schwierigkeiten, der mit Graf Hoyer VI. (1482–1540) zum Träger mansfeldischer Territorial- und Reichspolitik wurde. Wie bei anderen Dynastien erwiesen sich auch für die Mansfelder Grafen die Erbteilungen als kräftezehrend für die Auseinandersetzungen mit den Wettinern um die Reichsunmittelbarkeit. Trotz der Möglichkeit bis zur Reformation, Söhne in benachbarten Domkapiteln zu versorgen, beeinträchtigte die 1501 bestätigte Teilung in drei Linien die Handlungsfähigkeit, die zehn Jahre später nach ihrem Anteil an der Hauptburg Mansfeld die Ergänzungsbezeichnung Vorder-, Mittel- und Hinterort erhielten. Dabei gehörten zu Mansfeld-Vorderort 3/5 und je 1/5 des Territoriums zu Mansfeld-Mittelort und Mansfeld-Hinterort. Das Ungleichgewicht erklärt sich aus einer ursprünglichen Zweiteilung in Vorder- und Hinterort.

Für Hinterort vollzogen die Brüder Gebhard VII. (1478–1558) und Albrecht IV. eine weitere Trennung. Gebhard eröffnete die Linie Mittelort. Da Vorderort in drei Teile zerfiel, besaß die Grafschaft zu Beginn der Reformation fünf Landesherrn. Das Wirtschaftszentrum Eisleben, die Städte Mansfeld und Hettstedt sowie die Bergwerke und die Waldgebiete unterstanden einer gemeinsamen Verwaltung.

Enthielten die Teilungen schon genügend Zündstoff, so verschärften sich die Gegensätze durch die unterschiedliche, ja gegensätzliche Haltung der regierenden Grafen zu Martin Luther und zur Wittenberger Reformation, was zur politschen Anlehnung an das ernestinische Kursachsen und das albertinische Sachsen unter Herzog Georg (1471–1539) führte. Diese politische Ausrichtung blieb nach Einführung der Reformation bestehen und überschattete die Grafschaft im Schmalkaldischen Krieg 1546/47 und während des Fürstenkrieges gegen den Kaiser Karl V. (1500–1558). Die seit 1525 zu beobachtende politische Polarisierung in der Grafschaft hatte zunächst ihre Exponenten in Vorderort mit Hoyer VI. und in Hinterort mit Albrecht IV.

Hoyer VI. wurde 1482 geboren. Er trat früh in kaiserliche Dienste. Durch seine Verbindungen zu Maximilian I. (1459–1519) und Karl V. konnte er die Eigenständigkeit der Grafschaft stärken. 1521 weilte Hoyer in Worms und 1530 in Augsburg. Im Auftrage König Ferdinands I. (1503–1564) wurde er in den Packschen Händeln tätig. 1531 beauftragte ihn Herzog Georg von Sachsen, sich für die drei Töchter seines Bruders Heinrich (1473–1541) nach standesgemäßen Ehepartnern umzusehen. Die Reformation lehnte er aus Überzeugung ab. Trotzdem konnte er die religiöse Neuordnung nur

Graf Albrecht IV. von Mansfeld-Hinterort
Lutherstätten Eisleben
Epitaph
16. Jh.

aufhalten. Wie der Albertiner Georg mußte er erfahren, daß seine nächste Umgebung sich der Reformation öffnete und daß seine Neffen und Nichten – er war nicht verheiratet – seine Religionspolitik nicht fortsetzen werden. Es handelte sich um die Kinder seines Bruders Ernst II. (1479–1531): neun Söhne und sieben Töchter, sechs Kinder waren verstorben. Von den neun Söhnen traten drei in den geistlichen Stand, die verbliebenen sechs begründeten die Nebenlinien Bornstedt, Eisleben, Friedeburg, Arnstein, Artern und Heldrungen. Hoyer starb 1540 und fand seine letzte Ruhestätte in der St. Andreaskirche zu Eisleben.

Ernst II. auf Heldrungen, geboren 1479, stärkte vor allem die Verbindung zum albertinischen Sachsen. Als Militärbefehlshaber trat er in den Dienst Herzog Georgs. 1523 forderte er von Kurfürst Friedrich dem Weisen (1463–1525) die Verhaftung Thomas Müntzers (vor 1490–1525). Zugleich verbot er seinen Untertanen den Besuch der Gottesdienste Müntzers in Allstedt, was zu einer heftigen Kontroverse zwischen Prediger und Graf Ernst führte. Nach der Niederlage der Bauern bei Frankenhausen 1525 wurde Müntzer Gefangener des Grafen auf der Festung Heldrungen. Mit Bischof Adolf von Merseburg (1486–1526) beauftragte der Kaiser 1523 Ernst, in Streitigkeiten zwischen Erzbischof Albrecht V. von Magdeburg (1490–1545) und der Altstadt Magdeburg zu vermitteln. Mit dem Tod Ernst 1531 verloren die Altgläubigen in der Grafschaft eine wichtige Stütze.

Die politisch potenteste und erfolgreichste, wenn auch nicht unumstrittene Gestalt unter den Grafen war zweifellos Albrecht IV. von Mansfeld-Hinterort. Geboren 1480, studierte er an der Universität Leipzig möglicherweise im Blick auf eine geistliche Berufslaufbahn. Besonders bemühte er sich um die Verwaltung seines Territoriums. In Eisleben gründete er mit der Nußbreite und der Neustadt zwei neue Siedlungen. Zielbewußt reagierte er auf die sich verändernde wirtschaftliche Lage. Er bemühte sich, nicht in finanzielle Abhängigkeit zu kommen, besonders durch Monopolisierung und Konzentration im Hütten- und Bergwesen. Seine landesherrlichen Rechte nahm er sehr selbstbewußt wahr, was Luther 1542 zu dem Vorwurf veranlaßte, Albrecht fühle selbst, wie kalt und berechnend er bereits geworden sei, und wie er sich dem Mammon ausgeliefert habe. Durch harte und scharfe Unterdrückung seiner Untertanen wolle er reich werden. Habsucht vertreibe Gottes Segen aus dem Land.[4] Albrechts Politik hatte gewisse Erfolge, seine Linie geriet 1570 nicht in die Sequestration.

1516 visitierte Luther das von Albrecht gegründete Annenkloster zu Eisleben. Ob es im Mai 1518 auf der Rückreise Luthers von Heidelberg nach Wittenberg in diesem Kloster zu einer Begegnung mit dem Grafen kam, muß offenbleiben. Jedenfalls ist ein Zusammentreffen auf der Rückkehr Luthers von Augsburg im gleichen Jahr bezeugt. 1521 berichtete dieser an Albrecht über den Verlauf des Wormser Reichstages. Luther sah in Albrecht zunächst den Landesherrn seiner Heimat. Bald wurde der Graf Partner im Reformationsprozeß. 1523 unterstützte er erkennbar mit seinem Bruder Gebhard die reformatorische Erneuerung. Zur gleichen Zeit versuchte Albrecht, zwischen Herzog Georg und Luther zu vermitteln. Mit der Gründung einer evangelischen Lateinschule

in Gegenwart Luthers und Philipp Melanchthons Ostern 1525 in Eisleben bekannten sich die beiden Brüder eindeutig zur Wittenberger Reformation. Gegen Anhänger Müntzers ging Albrecht wenig später vor. Die Mansfelder Grafen beugten sich nicht, wie einige Harzgrafen und thüringische Adlige, dem Druck der Aufständischen und verweigerten den Anschluß. Die Exponenten dieser harten Linie handelten aus durchaus unterschiedlichen Motiven: Ernst II. aus seiner altgläubigen Überzeugung heraus, wie Herzog Georg führte er den Aufstand auf Luther und dessen »umstürzlerisches« Wirken zurück; Albrecht IV. dagegen unter dem Einfluß Luthers und dessen Zweiregimentenlehre. Die Abwehr der von Müntzer geführten Aufständischen vereinte für kurze Zeit die Grafen. Die weitere politische Entwicklung führte Ernst II. und Hoyer VI. bzw. Gebhard VII. und Albrecht IV. in die entstehenden, sich jedoch gegenüberstehenden politischen Gruppierungen.
Albrecht IV. schloß sich mit Gebhard VII. 1526 dem Torgauer Bündnis an, weilte 1529 in Speyer und 1530 in Augsburg jeweils als Mitglied der kursächsischen Reichstagsde-

Reformationsaltar in der Marktkirche Wittenberg Lucas Cranach d. Ä. vor 1539 bis 1547 Aufnahme: Landesbildstelle Baden

legation. Er gehörte zu den Mitbegründern des Schmalkaldischen Bundes. Am Schmalkaldischen Krieg nahm er aktiv teil. Ende 1546 kehrte er mit Kurfürst Johann Friedrich (1503–1554) aus Süddeutschland zurück und eignete sich Vorderort an, da seine Verwandten Herzog Moritz (1521–1553) bei der Einnahme der ernestinischen Gebiete in Thüringen unterstützt hatten. Die Wittenberger Kapitulation vom 19. Mai 1547 nahm Albrecht IV. nicht mit auf. Er verfiel der Reichsacht und verlor seine Besitzungen an Vorderort.

Auf dem Rückweg von Wittenberg besetzten kaiserliche Truppen am 21. Juni Schloß Mansfeld. Albrecht IV. weilte inzwischen in Norddeutschland. Mit Graf Christoph von Oldenburg (1504–1566) errang er dort Ende Mai den einzigen Sieg der Protestanten im Schmalkaldischen Krieg. 1549 zog er nach Magdeburg, um die Stadt gegen die Belagerung unter Kurfürst Moritz mit zu verteidigen. Während der Friedensgepräche Kursachsens mit Magdeburg 1551 kam es zur Verständigung zwischen Moritz und Albrecht. Der Mansfelder kämpft auf Seiten der Fürstenkoalition gegen den Kaiser, der ihn durch den Passauer Vertrag vom 2. August 1552 begnadigte. Zum Ausgleich mit Vorderort und damit zum Schlußstrich unter die Auseinandersetzungen zwischen 1546/47 kam es 1555.

Die Grafschaft war zunehmend zum Spielball der Territorial- und Reichspolitik geworden. So konnte Albrecht IV. nur über Kurfürst Moritz seine Gebiete und Rechte zurückerhalten. Das Gegeneinander der Grafenlinien unterhöhlte erneut die politische Position der Grafschaft. Die Bemühungen Luthers von Mitte Februar 1546 hatten nur im Kirchen- und Schulbereich Bestand. Bei den »weltlichen und zeitlichen« Sachen (Neustadt Eisleben, Unterhalt vom Schloß Mansfeld, Erbvertrag, Teilung der Bergwerke) schuf der Schmalkaldische Krieg eine neue Situation und verschob vorübergehend die Gewichte zugunsten von Vorderort. Die Streitigkeiten untereinander, die hohe Kinderzahl, wirtschaftliche Probleme, Überschuldungen, Mißwirtschaft beschleunigten den Niedergang. Am 13. September wurde die Sequestration für Vorderort in Leipzig eingeleitet. Die Grafen der sechs Nebenlinien (3/5 der Grafschaft) übertrugen ihre Besitzungen und Rechte auf Kursachsen, Magdeburg und Halberstadt. Der politische Abstieg vollzog sich unaufhaltsam. Die Grafschaft wurde zu einer magdeburgisch-sächsischen Provinz und verlor bald jeden politischen Einfluß. Mittel- und Hinterort, die 1602 bzw. 1666 ausstarben, wurden ebenfalls der Landeshoheit Kursachsens und Magdeburgs unterworfen. Nach Übergang der Halberstädter Rechte an Kursachsen erhielt dieses 3/5 der Grafschaft mit Eisleben, Magdeburg dagegen, das 1680 an Brandenburg-Preußen fiel, 2/5 mit Mansfeld. Die Nebenlinie Eisleben (bis 1710) und Bornstedt erloschen als letzte im 18. Jahrhundert. Als letzter männlicher Nachkomme der Grafen starb 1780 Reichsfürst Joseph Wenzel zu Mansfeld aus der Linie Mansfeld-Bornstedt. 1815 fielen die sächsischen Anteile an Preußen. Die Grafschaft wurde Teil der Provinz Sachsen.

2. Reformatorischer Aufbruch

Die Anfänge einer evangelischen Bewegung vollzogen sich unter ähnlichen Bedingungen wie in benachbarten Territorien. Ausgangspunkte waren die Klöster, Prediger oder einzelne Personen aus der städtischen Oberschicht und der gräflichen Beamtenschaft. Bei der Grafschaft Mansfeld kamen die verwandtschaftlichen Bedingungen Luthers hinzu. In Eisleben war es besonders das Augustinerkloster. Sein Prior, Caspar Güttel (1471–1542), predigte ab 1523 reformatorisch. Um 1525 wurde er als Pastor an die St. Andreaskirche berufen. Er gehörte zu der Gruppe städtischer Prediger, die in ihren Wirkungsorten entscheidend die Reformation vorantrieben und sich relativ selbständig und unabhängig von Wittenberg entwickelten. Güttel wurde zur Schlüsselfigur für die Einwurzelung der Reformation in Eisleben.[5] Zusammen mit Johann Agricola (1492/94–1566) setzte er sich massiv mit Georg Witzel (1501–1573) auseinander, der als Propagandist der Altgläubigen zwischen 1533 und 1538 an der St. Andreaskirche wirkte. Gedruckte Predigten lassen Rückschlüsse auf Güttels Wirken und seine Rolle als erfolgreicher Prediger zu. 1528 erschien eine Predigt zum Abendmahl. 1529 folgte in Dialogform eine Schrift über Jesus Christus als wahrer Gott und Mensch. Die Einweihungspredigt zum neuen Friedhof 1533 wurde mit einer Vorrede Luthers gedruckt. 1535 beschrieb Güttel seinen eigenen Weg zur Reformation in einer kleinen Publikation. Wenn auch Albrecht IV. und Gebhard VII. die reformatorischen Veränderungen aktiv unterstützten, so vollzog sich in Eisleben der Übergang von der evangelischen Bewegung zum erneuerten Kirchenwesen zunächst ohne landesherrliche Rechtsakte als städtische Reformation von unten.

Zur Predigt als Motor für die Reformation kam 1525 die Gründung der Lateinschule als gemeinsames Handeln von Luther und Wittenberger Theologen hinzu. Die Bedeutung, die Luther und Melanchthon dieser Schule beimaßen, spiegelte sich in ihrer Personalpolitik wider. Zum ersten Rektor wurde der aus Eisleben gebürtige Johann Agricola berufen oder abgeordnet. Es sollte nicht übersehen werden, wie zielgerichtet von Wittenberg Mitstreiter an Brennpunkte der Auseinandersetzungen entsandt wurden. Für Eisleben ergab sich die herausgehobene Stellung aus dem bisher erfolgreichen Verlauf der Reformation, aus seiner Lage als Mittelpunkt der Grafschaft im Spannungsverhältnis konkurrierender Dynastien, hinter denen jeweils die Albertiner oder Ernestiner standen. Die Grafschaft Mansfeld nahm eine Schlüsselstellung unter den Harzgrafschaften ein, zu denen noch Stolberg, Honstein und Regenstein gehörten, als Pufferzone zwischen den beiden Sachsen.

Agricola leistete eine erfolgreiche Arbeit in Eisleben. Dazu gehörten die zunächst guten Verbindungen zu Albrecht IV., den er als Prediger auf die Reichstage 1526 nach Speyer und 1530 nach Augsburg begleitete. Spannungen mit Albrecht IV., vermutlich über Gehaltszahlungen, veranlaßten Johann Agricola Ende 1536 nach Wittenberg zurückzukehren.[6] Bei allen positiven Gegebenheiten in Eisleben war er doch von der

Entwicklung in Wittenberg abgeschnitten. Außerdem stand mit Caspar Güttel in Eisleben eine Persönlichkeit zur Verfügung, die stärker als Agricola in der Stadt verwurzelt und zu der das Verhältnis nicht spannungsfrei war. Agricola verließ auf dem Höhepunkt der Auseinandersetzungen mit Witzel die Stadt. Sein Nachfolger wurde Conrad Cordatus (1476–1546), der 1540 die Superintendentur in Stendal übernahm. Vorübergehend wirkten an der Eisleber Schule Hermann Tulich (1486–1540), Veit Amerbach (1503–1557) und Leonhard Stöckel (1510–1560).

Zu den Impulsgebern einer reformatorischen Entwicklung gehörten in Eisleben neben reformatorischer Predigt und Seelsorge und reformatorisch-humanistischer Schule vor allem der polemische Streit zwischen Vertretern der Alt- und Neugläubigen.

Graf Hoyer VI. nutzte seine Anteile am Patronat der St. Andreaskirche, um 1533 Witzel zu berufen. Ihm war die Aufgabe zugedacht, die sich schnell ausbreitende Reformation zurückzudrängen. Hoyer VI. folgte damit dem Vorgehen Herzog Georgs, sich der Erneuerungsbewegung mit den Mitteln entgegenzustellen, die sich bei der Gegenseite als erfolgreich herausgestellt hatten. Die Bürger von Eisleben erlebten dadurch einen Wettstreit auf der Kanzel der St. Andreaskirche. Güttel setzte sich am Nachmittag mit dem auseinander, was Georg Witzel am Vormittag gepredigt hatte.

In Witzel, Güttel und Agricola standen sich ebenbürtige Gegner gegenüber. Witzel war sich dieser Ausnahmesituation bewußt: Er wäre nach Eisleben als Prediger des christlichen, nicht des lutherischen Evangeliums gegangen. Die Irrenden wolle er in den Schafstall zurückführen und die Wankenden stärken und festigen. Er fühle sich wie unter wilden Tieren. Witzel scheiterte. Er predigte weitgehend vor einer leeren Kirche. Er klagte, wenn jemand da sei, so wäre es ein Spötter und Aufpasser, kaum mehr als zehn Bürger kämen. Etwa 10 Familien hielten noch am alten Glauben fest, aber auch diese hörten die Ketzer aus Furcht und aus Eigennutz.[7] Die öffentliche Meinung war gegen Witzel. Offensichtlich waren die Entscheidungen zugunsten der Reformation grundsätzlich gefallen. Resignation und Enttäuschung ergriffen Witzel. Das Medium Predigt erwies sich auch für Witzel als zu stumpf. Wenn die Altgläubigen ihn allein trafen, würden sie – so berichtete Witzel – ihn grüßen und mit ihm reden, bei größerer Öffentlichkeit verleugneten sie ihn. Einige kämen nicht zur Kirche, um nicht bei der Nachbarschaft Anstoß zu erregen.[8]

War der Sozialdruck in dem nun schon evangelischen Gemeinwesen so groß? Altgläubige sind auch später noch in Eisleben nachweisbar. Der frühere Stadtschreiber Galle Brand wurde 1557 heimlich zur Beerdigung im Barfüßerkloster nach Halle gebracht. Zu den Trägern der evangelischen Bewegung in Eisleben gehörten die Familien Rühel, Drachstedt und Rink. Die Offenheit der städtischen Oberschicht für die Wittenberger Reformation gehörte zu den Rahmenbedingungen der kirchlichen Erneuerung in Eisleben.

In Mansfeld wirkten der Stadtpfarrer Martin Seligmann (+1548) und der Schloßprediger Michael Coelius (1492–1559). 1529 setzte sich die Reformation in Hettstedt durch. Eine Ausnahme bildete Gerbstedt. Landesherr und Kloster verhinderten lange erfolg-

reich jeden evangelischen Gottesdienst. Am Neujahrstag 1543 wurde die erste evangelische Predigt gehalten, der erste evangelische Prediger wurde 1565 berufen.
Die Quellenüberlieferung legt nahe, daß es in Mansfeld-Hinterort im Herrschaftsgebiet Albrechts IV. nicht zu einer allgemeinen Visitation gekommen ist, ausgenommen 1526 im Amt Eisleben. Die Einführung der Reformation vollzog sich schrittweise. Zu Entscheidungen wurden Güttel und Coelius als »Cosuperintendenten« von der gräflichen Verwaltung herangezogen.
Diese Zurückhaltung ergab sich vermutlich aus den innermansfeldischen Gegebenheiten, aber ebenso aus der günstigen Entwicklung in den einzelnen Orten. Der Tod Hoyers VI. ermöglichte 1540 den Übergang der ganzen Grafschaft zur Reformation. Im Vorderort kam es 1542 und 1545 zu Visitationen unter der Verantwortung von Güttel und Coelius. Die weitere kirchliche Entwicklung konnte unter gleichen Bedingungen geschehen, wenn auch die verwickelten Machtverhältnisse in der Grafschaft die Entstehung einer mansfeldischen Landeskirche beeinträchtigten.

3. Die Konsolidierung reformatorischen Kirchenwesens

Der von Luther 1546 vermittelte Ausgleich enthielt die Grundlinien der späteren Mansfelder Kirchenverfassung. Er ist der Beginn kirchenorganisatorischer Maßnahmen. Das Amt eines Superintendenten wurde eingerichtet. Auf Luthers Empfehlung übernahm Johannes Spangenberg (1484–1550) aus Nordhausen 1546 dieses Amt. Durch die Wirren des Schmalkaldischen Krieges und des Interims waren ihm weitgehend die Hände gebunden. Einen tiefgreifenden Einfluß übte er nicht aus. Ihm folgte Georg Major (1502–1574) der als Vertreter der albertinischen Religionspolitik 1552 von Wittenberg nach Eisleben kam, aber nur wenige Monate amtierte. Er geriet mit der Geistlichkeit unter Führung von Coelius und Johann Wigand (1523–1587) in Konflikt. Als der vom Kaiser begnadigte Albrecht IV. nach Mansfeld zurückkehrte, zwang

Taufe Christi in der Pegnitz vor Nürnberg
Cranach-Nachfolge, Holzschnitt, um 1555 (Lutherstätten Eisleben)

er Major zum Verzicht und zur Rückkehr nach Wittenberg. Neuer Superintendent wurde Erasmus Sarcerius (1501–1559), der von Leipzig in die Grafschaft kam. In seiner Amtszeit erfolgten drei Visitationen. Das Konsistorium entstand. 1555 publizierte Sarcerius eine Visitationsordnung. Immer stärker neigte er zu streng lutherischen Positionen in der Theologie.
Nach Streit mit Albrecht IV. ging er 1559 nach Magdeburg. 1560 beriefen die Grafen den Pastor der Eisleber Nicolaikirche, Hieronymus Menzel (1517–1590), zum Superintendenten. Dieser setzte zielstrebig die Ausbauarbeit fort. 30 Jahre verwaltete er das Amt. Auf ihn gehen eine Konsistorialordnung, die bis zur Aufhebung des Mansfelder Konsistoriums 1780 in Kraft blieb, und eine Schulordnung zurück, die ebenfalls bis in das 18. Jahrhundert galt. In Menzels Amtszeit fiel 1580 die zweite Auflage einer Agende, der 1718 eine weitere folgte. Diese Anweisungen für den praktischen Kirchendienst behielten ihre Gültigkeit bis zur Einführung der preußischen Agende 1829.
Auf regelmäßigen Generalsynoden wurden Lehrfragen verhandelt. Der Streit um die Erbsünde spaltete die Grafschaft. 1574 verweigerten Mansfelder die Erbhuldigung, weil der neue Landesherr sich gegen Matthias Flacius (1520–1575) wandte, der die Erbsünde als grundlegend (Substanz) für den Menschen ansah und erst nach der Bekehrung mit menschlichen Leistungen rechnete. Diese Bekehrung erfolge allein durch Gottes Handeln und müsse den widerstrebenden Willen des Menschen überwinden. Nur mit Mühe konnte diese Auseinandersetzung, bei der es zu Verhaftungen und Ausweisungen kam, beigelegt werden. Erst eine Generalsynode am 19. September 1580 stimmte der Konkordienformel als allgemeiner Lehrgrundlage zu und schuf so die Voraussetzungen für eine einheitliche Lehre in der Grafschaft.
Der zunehmende Einfluß Kursachsens ließ den Grafen und ihren Theologen kaum eine andere Wahl, als der kursächsischen Religionspolitik zu folgen. Damit ging die Reformationszeit für die Grafschaft Mansfeld zu Ende. Der Aufbau eines neuen Kirchenwesens mit seinen Auswirkungen auf den persönlichen und öffentlichen Bereich war abgeschlossen.

Anmerkungen:

1 MAX KÖNNECKE, Die evangelischen Kirchenvisitationen des 16. Jahrhunderts in der Grafschaft Mansfeld, in: Mansfelder Blätter 11 (1897), S. 53–103; 12 (1898), S. 54–116; 13 (1899), S. 18–65; 14 (1900), S. 36–109; 15 (1901), S. 29–108.

2 Vgl. ARNO SAMES, Luthers Beziehungen zu den Mansfelder Grafen, in: Leben und Werk Martin Luthers von 1526 bis 1546, hg. von HELMAR JUNGHANS, 2. Aufl., Berlin 1985, S. 591–600, 935–938; DIETER STIEVERMANN, Sozial- und verfassungsgeschichtliche Voraussetzungen Martin Luthers und der Reformation – des landesherrliche Rat in Kursachsen, Kurmainz und Mansfeld, in: Martin Luther Probleme seiner Zeit, hg. von VOLKER PRESS und DIETER STIEVERMANN, Stuttgart 1986, S. 137–176; RICHARD NÜRNBERGER, Die Kirchenvisitationen in der Grafschaft Mansfeld während der Reformationszeit, in: Festschrift für Friedrich von Zahn, Bd. 1, Zur Geschichte und Volkskunde Mitteldeutschlands, hg. von WALTER

SCHLESINGER, Köln 1968, S. 313–343. Hinzukommen: SIEGFRIED BRÄUER, Die Reformation in der Grafschaft Mansfeld, in: Protokollband zum Kolloquium anläßlich der ersten urkundlichen Erwähnung Eislebens am 23. November 994, Halle 1995, S. 33–47 (=Veröffentlichungen der Lutherstätten Eisleben, 1); GÜNTHER WARTENBERG, Mansfeld, in: Die Territorien des Reichs im Zeitalter der Reformation und Konfessionalisierung, Land und Konfession 1500–1650, Bd. 6, Nachträge, Münster 1996, S. 78–91 (mit weiterer Literatur).

3 Zitiert bei KARL KRUMHAAR, Die Grafschaft Mansfeld im Reformationszeitalter, Eisleben 1855, S. 3.

4 D. Martin Luthers Werke, kritische Gesamtausgabe, Briefwechsel, Bd. 9, Weimar 1941, S. 628 (3716); vgl. SAMES (wie Anm. 2), S. 594.

5 So KRUMHAAR (wie Anm. 3), S. 68. Vgl. GUSTAV KAWERAU, Caspar Güttel, ein Lebensbild aus Luthers Freundeskreis, in: Zeitschrift des Harz-Vereins für Geschichte und Alterthumskunde 14 (1881), S. 33–132.

6 Vgl. STEFFEN KJLDGAARD-PEDERSEN, Gesetz, Evangelium und Buße, Theologiegeschichtliche Studien zum Verhältnis zwischen dem jungen Johann Agricola (Eisleben) und Martin Luther, Leiden 1983, S. 17–20.

7 Dazu KRUMHAAR (wie Anm. 3), S. 182 f., 187 f.

8 Ebenda, S. 188.

PHIL. LANDG. V. HESS. SCHUTZH. V. SCHWEINF. * MELANCHTON
G. LOOS DIR. KIRCHNER F.

IOHANN CHURF.
MART. LUTHER
PH. MELANCHTHON
IHREM GEDACHTNISSE
AM 25 IUN. 1830

Heinz-Werner Wollersheim

Philipp Melanchthon und die Organisation des protestantischen Schulwesens in Sachsen

Philipp Melanchton war ein äußerst vielseitiger Gelehrter und ein erfolgreicher und gefragter politischer Berater. Dieser Beitrag untersucht einen schmalen Bereich seines Wirkungsspektrums: Melanchthons Einfluß auf das sächsische Schulwesen, wobei der Akzent auf dem Charakter einer Länderstudie liegt. Ausgeklammert bleiben dabei weitestgehend Fragen der Hochschulreform, obwohl diese im Zusammenhang mit der Schulreform gesehen werden müssen. Ausgeklammert bleiben ferner eingehendere Analysen der humanistischen Bildungsphilosophie Melanchthons als tragendes gedankliches Gerüst. Um jedoch den Gesamtzusammenhang des Reformprozesses verständlich machen zu können, ist es notwendig, einige Hinweise auf die Entwicklung des Schulsystems bis zum Ende des 15. Jahrhunderts und auf die wichtigsten geistigen Einflußlinien, Humanismus und *devotio moderna*, zu geben. Da zudem Melanchthons frühe Reforminitiativen zum Teil außerhalb Sachsens stattfanden, sind zumindest die wichtigsten Projekte hier mit heranzuziehen, insofern sie für die spätere sächsische Entwicklung von Bedeutung waren.

1. Zum Wandel des Schulwesens unter dem Einfluß des Humanismus

Zentral für das Verständnis des mittelalterlichen Schulwesens[1] ist das Verhältnis von Schule und Kirche. Als Erbe des Römischen Reiches wurde die Kirche für den Westen die alleinige Wahrerin der beiden weltgeschichtlichen Errungenschaften dieses Reiches: Zum einen wurde sie Garant der geistigen Einheit und des Einheitsbewußtseins der abendländischen Menschheit.[2] Zum anderen bewahrte sie neben der christlichen Glaubenslehre selbst die antike Kultur als den fundierenden und erfüllenden Gehalt dieser Einheit. Mit den Grundsätzen von Tradition und Autorität als den tragenden Prinzipien der mittelalterlichen Kultur[3] verband sich die absolute Maßgeblichkeit des Religiös-Dogmatischen: Die Offenbarung, die den Menschen zuteil geworden war, verlangte den Glauben als die allein angemessene Form des Hörens und Gehorchens. Damit ergibt sich eine zweifache Begründung dafür, daß Kirche zur Trägerin des Schulwesens geworden ist: Einerseits gab es die pragmatische, historisch funktional gewachsene Legitimation, daß im kirchlichen Leben die Literalität und Teile der antiken Kultur durch die Wirren der Völkerwanderungszeit bewahrt worden waren. Daneben trat zweitens der ideologische[4] Grund dafür, daß die Kirche Trägerin des Schulwesens war: Ihr oblag die Pflege der Wahrheit, deshalb ging von ihr aller Unterricht und alle Lehre aus.

Organisatorisch wurden Schulen zunächst in Anlehnung an Klöster und Bistümer gegründet. So entstanden Kloster- und Domschulen zunächst als Einrichtungen, in denen der Klerus seinen Nachwuchs auf kirchlichen Aufgaben vorbereitete. Neben Kirchenmusik *(cantus)*, Lesen und Schreiben sollten Kenntnisse in der Kirchensprache *(grammatica)* und der Kalenderberechnung *(computus)* vermittelt werden.[5] Unter dem Einfluß von Alkuin (732–804) und Hrabanus Maurus (776–856) wurde schließlich der antike Wissenskanon der *septem artes liberales* wieder in den Vermittlungsbereich gelehrter Bildung aufgenommen. Die *septem artes,* die auf Vorbilder in der *enkyklios paideía* der Sophistik[6] und bei Quintilian (35–96)[7] zurückgehen, bestanden aus dem *trivium* als Einleitungskurs (Grammatik, Rhetorik, Dialektik) und dem *quadrivium* (Arithmetik, Geometrie, Astronomie, Musik). Im Hochmittelalter bildeten später die *septem artes* im Rahmen der Artistenfakultät die Eingangsstufe der jetzt entstehenden Universitäten. Zur Abgrenzung dieser »vollständigen« Vorbildung auf die höheren Studien (Theologie, Medizin, Jurisprudenz) bezeichnet man die Schulen, die nur einen Teil dieser *septem artes* vermitteln, als »Partikularschulen«, und diejenigen, die sich auf die Lehre der zum *trivium* gehörenden Fächer beschränken, als »Trivialschulen«.

Die mittelalterlichen Kloster- und Domschulen ließen zum Unterricht neben Novizen auch auswärtige Schüler zu. Diese weltlichen Schüler *(pueri seculares)* waren nicht für kirchliche Aufgaben bestimmt und wurden oft in eigenen, von den Mönchsschulen organisatorisch und räumlich getrennten Schulen *(scholae exteriores)* unterrichtet. An den Kloster- und Domschulen war jeweils ein fachlich ausgewiesener Kleriker als *magister scholarum* mit der Leitung des Schulwesens beauftragt.

Im Übergang zur Neuzeit bildete seit dem 12. Jahrhundert die Urbanisierung der Gesellschaft mit einem Aufschwung von Produktion und Handel die Grundlage für die Entwicklung neuer Lebensformen und damit auch neuer Bildungsinstitutionen. In den Städten entwickelten sich Stadtschulen und, für den Bereich der höheren Bildung, Universitäten. Die Stadtschulen waren in verwaltungsrechtlicher Hinsicht nicht der Kirche, sondern einer weltlichen Obrigkeit – in der Regel dem Rat – unterstellt. Die Stadtschulen bildeten damit den Ausgangspunkt eines zweiten, weltlichen Schulsystems neben dem kirchlichen. Hierbei kam es nicht selten zu Konflikten, die allerdings auf die *materielle* Konkurrenz der Pfründe und nicht auf weltanschauliche oder religiöse Diskrepanzen zurückzuführen waren. Typischerweise fanden sich in den alten Bischofssitzen wie Köln, Mainz, Straßburg, Hildesheim ein Übergewicht an Stifts- und Klosterschulen. In den prosperierenden Bürgerstädten wie Hamburg, Lübeck und Nürnberg waren die Stadtschulen in der Überzahl.

Zum Verständnis der Entwicklung des Schulwesens unter dem Einfluß des Humanismus im 15. und 16. Jahrhundert ist es nützlich, die spezifischen Ausgangsbedingungen zur Kenntnis zu nehmen, welche das Vordringen des Humanismus im deutschen Sprachraum begleiteten. Ideengeschichtlich ist an die hier nicht weiter darstellbaren Hauptstränge der Scholastik zu erinnern, die über die Aristoteles-Rezeption und ersten Anfängen der Naturwissenschaft in der Schule von Oxford in der scholastischen Wissenschaft des Albertus Magnus (1193–1280) und vor allem des Thomas von Aquin (1225–1274) einen Höhepunkt an Gelehrsamkeit erreichte. Für das Verständnis der deutschen Humanismus-Rezeption nicht minder wichtig ist es, sich die Blütezeit der Mystik in Deutschland im 14. Jahrhundert ins Gedächtnis zu rufen: Meister Eckhart (1260–1327), Johannes Tauler (1300–1361) und Heinrich Seuse (1300–1362) ergänzten mit ihrem Denken das Ideal der scholastischen Gelehrsamkeit durch Betonung von Innerlichkeit und Gemütstiefe.

Beeinflußt von diesem mystischen Denken sind die Mitglieder der Kongregation der »Brüder vom gemeinsamen Leben«, auch »Fraterherren« oder »Hieronymianer« genannt. Ihr Mitbegründer Geert Groote (1340–1384) und seine Freunde und Schüler zielten im Rahmen ihres Programmes einer *devotio moderna* in erster Linie auf die Verwirklichung eines gemeinsam tätigen, sittlich-religiösen Lebens unter dem Primat einer religiösen Hingabe. Die *devotio moderna* erreichte über die weit über die Niederlande und Deutschland verbreiteten Bruder- und Schwesternschaften des gemeinsamen Lebens einen bedeutenden Einfluß. Die Konvente waren Zentren der karitativen Zu-

Das Dessauer Abendmahl
Die Reformatoren als Jünger Jesu
Gemälde Lucas Cranach d. J.
(Dessau Johanniskirche)
Aufnahme: Landesbildstelle Baden

wendung, der Volksbildung, der Schreibkunst und des frühen Buchdrucks.[8] Die Fraterherren waren keine Humanisten. Die ursprünglichen Ideale der Gemeinschaft waren asketisch und nicht auf den Erwerb von Eloquenz und weltlicher Wissenschaft, sondern auf Frömmigkeit ausgerichtet. Mit dem an Boden gewinnenden Humanismus gibt es indessen inhaltliche Berührungspunkte: die Rückbesinnung auf biblisch-patristische Quellen, die Wertschätzung des Einzelmenschen, die sich hier in der Entwicklung einer individualistischen Meditationstechnik zeigt, und das ausgeprägte Bildungsstreben. Obwohl die Gemeinschaft ursprünglich nicht mit einer schulreformerischen Absicht angetreten war, ergab es sich doch durch ihren bedeutenden geistigen Einfluß, daß sie auch die Erziehung junger Menschen in ihrem Sinne betrieb und zahlreiche direkte und indirekte Verbindungen zu Schulen knüpfte. Berühmte Schulen wurden bei den Konventen in Deventer, Zwolle und Lüttich gegründet. Unter den Absolventen von Deventer finden sich an prominenter Stelle Nikolaus von Cues (1401–1464) und Erasmus von Rotterdam (1466–1536).

In Zwolle lebte und wirkte Thomas a Kempis (1380–1472), der mit seinem Werk über die rechte Nachfolge Christi *(De Imitatione Christi libri IV,* 1470) das nach der Bibel meistgelesene Erbauungsbuch der Welt[9] verfaßte. Thomas warnte hierin vor einer falschen, lediglich auf weltliches »Herrschaftswissen« zielende Bildung und stellte sie als *vanitas vanitatum,* als höchste Eitelkeit, dem Erwerb des alleinig wichtigen »Heilswissens« gegenüber. Aus dieser Schule von Zwolle ging Johannes Wessel (1420–1489) hervor, der in Paris und Italien den Humanismus kennenlernte und zu Rudolf Agricola (1444–1485), dem Vorkämpfer des Humanismus in Deutschland, regen wissenschaftlichen Kontakt unterhielt. Unter dem Einfluß Agricolas stand auch der zehn Jahre ältere Alexander Hegius (1433–1498), der selbst die Schule zu Deventer[10] besucht hatte und nach seiner Lehrtätigkeit in Wesel und Emmerich seit 1474 die Schule in Deventer leitete. Hegius gilt als der erste Schulpädagoge in Norddeutschland, der griechischen Unterricht in die Schule einführte. Agricola rühmte an Hegius dessen Liebe zur Wissenschaft und seine lautere Gesinnung, und dies nicht weil, sondern obwohl Hegius anfänglich eher zur scholastischen Philosophie als zum Humanismus neigte. Für Westfalen und weite Teile Norddeutschlands wurde die Bischofsstadt Münster zu einem Zentrum humanistischer Bestrebungen. Der Dompropst Rudolf von Langen (1438–1519), der selbst Absolvent der Schule von Deventer war, organisierte im Jahr 1500 die Münsterer Domschule im Geiste des Humanismus um. Als Konrektor wurde Johannes Murmellius (1480–1517) berufen, der Schüler des Alexander Hegius in Deventer gewesen war. Murmellius, später Rektor der Ludgeri-Schule in Münster, der Lateinschule zu Alkmaar und schließlich Lehrer in Deventer, war nicht nur Schulpraktiker, sondern hat darüber hinaus zahlreiche verbreitete Schulbücher und theoretische Schriften zur Pädagogik verfaßt. Sein *Enchiridion scholasticorum* (1505) enthält in Anlehnung an Quintilian eine knappe Theorie der Bildung und der Schulorganisation, in welcher die Voraussetzungen auf seiten der Schüler, der Lehrer und der räumlichen Verhältnisse in der Schule abgehandelt werden.[11] Murmellius' *Pappa puerorum* war ein

Elementarbuch der lateinischen Sprache, das zwischen 1513 und 1560 nicht weniger als 32 Auflagen erlebte. In seinem letzten Werk, dem 1517 erschienenen *Scoparius in babariei propugnatores et osores humanitatis* empfiehlt er die typischen Autoren des humanistischen Bildungsprogramms wie Terenz und Vergil und ausnahmslos humanistische Schulbücher. Der *Scoparius*, zu deutsch der »Auskehrer«, wandte sich scharf gegen die »Sprachbarbarei« der traditionellen Lehrweise. Mit Murmellius wird deutlich, daß nun an den norddeutschen Bildungszentren ein spezifischer christlicher Humanismus zur Herrschaft gekommen ist, der für die Entwicklung des deutschen Schulwesens im 16. Jahrhundert entscheidende Bedeutung gewinnen wird. Nimmt man hinzu, daß in Deventer auch Hermannus Buschius (1468–1534) und für kurze Zeit auch Erasmus (1466–1536) zu den Schülern des Alexander Hegius gehörten, so wird dieser hier grob skizzierte Einfluß der Fraterherren auf die Weiterentwicklung des Humanismus zu einem christlichen Humanismus und einer ihm entsprechenden Schulorganisation nochmals hervorgehoben.

Ein Absolvent der Schule in Deventer war im übrigen auch der aus Westfalen stammende Ludwig Dringenberg, der später im elsässischen Schlettstadt von 1441 bis 1477 die Lateinschule leitete. Zu seinen Schülern gehörte der dort geborene Jacob Wimpfeling (1450–1528), der später nach Studien in Freiburg, Erfurt und Heidelberg zu den führenden süddeutschen Humanisten gehörte. Wimpfeling wirkte nicht nur als huma-

Nürnberg, Georg Bruin, Civitates. T. 1-5, orbis terrarum, Köln 1593 (Marienbibliothek Halle)

nistischer Schriftsteller und Universitätslehrer, sondern versuchte auch, über seine Schriften direkten Einfluß auf die Schulorganisation zu nehmen. Mit seiner Schrift *Germania* (1501) wandte er sich an den Rat der Stadt Straßburg. Im zweiten Band entwickelt er den Plan für einen neuen Typ von Oberschule: für ein Gymnasium, das er unter der Bezeichnung »Fechtschule« eindeutscht. Diese Schule sollte nur Schüler aufnehmen, die bereits anderswo eine Elementarbildung erhalten hatten und nun in fünf oder wenigstens drei Jahren auf ein Universitätsstudium vorbereitet werden sollten. Der Rat der Stadt Straßburg folgte diesem Vorschlag zu diesem Zeitpunkt noch nicht. Allerdings war hiermit die Reformdiskussion in Straßburg angestoßen und mittelbar wurde der Boden bereitet für Jacob Sturm, einen Schüler Wimpfelings, der 1528 zum Leiter des Schulkollegiums beim Rat berufen wurde. Als auf sein und des Theologen Martin Bucers Betreiben hin die Reformation in Straßburg eingeführt worden war und neben der Neuordnung des Kirchenwesens auch eine Umgestaltung der Schule erforderlich wurde, holten beide den aus Schleiden in der Eifel stammenden Johannes Sturm (1507–1581), der selbst seine Schulbildung an der Hieronymianerschule von Lüttich erhalten und später in Löwen und Paris studiert hatte. Die Lütticher Erfahrungen standen Pate, wurden jedoch von Sturm für die Straßburger Belange differenziert erweitert: Von der *Sexta* bis zu den beiden geteilten Oberklassen *Secunda* und *Prima* wurde der Unterricht in acht aufsteigenden Klassen organisiert.[12] Mit Sturms Idee der *sapiens atque eloquens pietas* erhielt zudem der christliche Humanismus eine Zielformel, die sich dem Inhalt nach mit der Position Philipp Melanchtons deckt.
Der Einfluß von Humanismus und der *devotio moderna* der Brüder vom gemeinsam Leben reichte auch in die mittel- und ostdeutschen Städte. In Rostock hatten die Hieronymianer seit 1462 eine Niederlassung. Mit einer eigenen Druckerei sorgten sie von hier aus für die größere Verbreitung klassischer Schriftsteller in Norddeutschland. Johannes Bugenhagen (1485–1558), der in Greifswald von dem dort lehrenden Hegius-Schüler Hermannus Buschius in seiner pädagogischen Grundhaltung entscheidend beeinflußt worden war, arbeitete unter diesem Eindruck zunächst von 1505 bis 1521 als Schulmeister an der Klosterschule von Belbuck bei Treptow, bevor er nach Wittenberg kam, und hielt während dieser Zeit Kontakt mit den Münsteraner Humanisten.[13]
Im Süden Deutschlands finden wir einen stärkeren Einfluß des italienischen Humanismus. Auf Wimpfeling und seinen Einfluß ist bereits hingewiesen worden. Anders als er, der keine Studienaufenthalte in Italien verbrachte, hatte der ebenfalls bereits erwähnte Rudolf Agricola, ein Verehrer Petrarcas, nach seinem Studium in Erfurt, Köln und Löwen ab 1458 selbst in Pavia studiert. Mit seinen Schriften *De inventione dialectica* (1479) und *De formando studio* (1484) entwarf er ein Bildungsprogramm, das für die Entwicklung des deutschen Humanismus bedeutsam wurde. Von Agricola beeinflußt war Johannes Reuchlin (1455–1522), der Großonkel Melanchthons, der nach Studien in Freiburg, Paris und Basel, Poitiers und Orléans insgesamt drei Italienreisen unternahm und Kontakte zu Marsilio Ficino (1482) und Pico della Mirandola (1490) knüpfte. Zu den Italienfahrern gehörte auch der Nürnberger Patrizier Willibald Pirckheimer

(1470–1530)[14], der in den neunziger Jahren in Pavia und Padua studiert und insgesamt sieben Jahre in Italien verbracht hatte. Nach seiner Rückkehr wurde sein Haus in Nürnberg zu einer »Herberge des Geistes«, wie Conrad Celtis[15] urteilte: Mit Dürer befreundet, mit Erasmus und Celtis in ständigem Austausch, ebenso bekannt mit dem Astronomen Regiomontanus wie mit dem Meistersinger Hans Sachs bildete er »den Mittelpunkt einer geistigen und künstlerischen Renaissance und darin das Profil des Humanismus selbst: Theologie, Philologie, Geschichte, Poetik und Geographie sind darin repräsentiert«.[16] Melanchthon nutzte seine Reise nach Wittenberg im Sommer 1518, um in Nürnberg Pirckheimers persönliche Bekanntschaft zu machen, nachdem er bereits zuvor in brieflichen Kontakt zu ihm getreten war.[17] Philipp Melanchthon steht sicherlich in der Tradition des süddeutschen Humanismus. Seine tiefe Frömmigkeit, deren Wurzeln man in seinem streng religiösen Elternhaus zu suchen hat und die verstärkt wurden durch die Erfahrung, mit welcher Gottergebenheit der Vater seinen qualvollen Tod angenommen hatte, machten ihn aufgeschlossen für die *devotio moderna*.
Auch in Sachsen hatten die humanistischen Studien schon vor der Reformation Fuß gefaßt. Im universitären Bereich läßt sich dies leicht an einzelnen Personen belegen. Der Hegius-Schüler Buschius war über Rostock, Erfurt und Wittenberg nach Leipzig gekommen, wo er einige Jahre als Gräzist an der Universität lehrte. Nach Leipzig, wo der erste Lehrstuhl für Griechisch eingerichtet worden war und im Grunde ein durchaus aufgeschlossenes Klima für die humanistischen Studien herrschte, kam im Jahr 1507 als Nachfolger von Buschius aus Frankfurt an der Oder der in Humanistenkreisen bereits hochberühmte Johannes Rhagius Aesticampianus (1457–1520) zusammen mit seinem Schüler Ulrich von Hutten (1488–1523). Nach heftigen Querelen mit seinen Leipziger Kollegen, die in einer Schmährede[18] des Aesticampianus gipfelten, wurde er im Jahr 1511 für die Dauer von zehn Jahren relegiert. Daraufhin übernahm er in Freiberg das Rektorat der 1515 gegründeten humanistischen Stadtschule, das er bis zu seiner Berufung an die Universität Wittenberg (1517) ausübte. In Freiberg gehörten Petrus Mosellanus (1493–1524) und Caspar Borner (1492–1547) zu seinen Mitarbeitern. Mosellanus wurde 1517 auf den Griechischlehrstuhl an die Universität Leipzig berufen. Borner leitete als Nachfolger Polianders die Leipziger Thomasschule von 1522 bis 1539, um danach als Rektor der Universität maßgeblich an der protestantischen Reformierung der Universität mitzuwirken. Melanchthon war mit den dreien gut bekannt: Mit Mosellanus verband ihn eine tiefe Freundschaft, Aesticampianus war sein Kollege in Wittenberg, und Borner kannte er spätestens seit 1522, als Melanchthon seine Unterstützung bei der Beschaffung einer Palästinakarte erbat.[19]
Die Entwicklung in Freiberg war in gewisser Weise typisch für eine Vielzahl sächsischer Städte. Vor allem hier und in den anderen Bergstädten Schneeberg, Chemnitz und Zwickau hatte eine prosperierende Wirtschaft Wohlstand und damit den Wunsch nach besserer Bildung und feinerer Lebensart einerseits wie den Bedarf an gut ausgebildeten Führungskräften hervorgebracht. Zwickau war damals mit seinem Handel und seinem Tuchmachergewerbe eine der bedeutendsten sächsischen Städte. Am Ende des

15. Jahrhunderts hatte sie etwa 7000 Einwohner und besaß acht Kirchen und eine bedeutende Schule. Seit 1517 war dort der humanistisch gesinnte Stephan Roth Rektor. Als Bakkalaureus stand ihm Georg Agricola (1494–1555) zur Seite, der Roth im Amte folgte, als dieser 1520 an die Schule in Joachimsthal ging. Georg Agricola,[20] ein Schüler Mosellans und später Stadtphysikus in Joachimsthal und Bürgermeister in Chemnitz, war der geistige Mentor des Johannes Rivius (1500–1553), der aus Attendorn in Westfalen stammte, die Schule in Deventer absolviert, danach zunächst in Köln studiert hatte und unter dem Einfluß der Gräzisten Richard Crocus und Petrus Mosellanus zunächst nach Leipzig gekommen war und 1519 als Griechischlehrer an der Schule in Zwickau eingestellt wurde. Rivius, der selbst konkurrierend zu Melanchthon Lehrbücher für den lateinischen und griechischen Unterricht verfaßt hatte, wurde zu einer der wichtigsten Gestalten in der sächsischen Schullandschaft in der ersten Hälfte des 16. Jahrhunderts, wobei der Schwerpunkt seines Wirkens allerdings im albertinischen Sachsen lag. In den dreißiger Jahren wirkte er in einer Reihe von erzgebirgischen Städten als Rektor: Auf Zwickau folgte 1530 Annaberg, 1531 Marienberg, 1535 Schneeberg, 1537 Freiberg. Zu Beginn der vierziger Jahre wirkte er als Erzieher von August, dem Bruder des damaligen Herzogs Moritz und späterem Kurfürst August I. In dieser Eigenschaft dem Herzog wohlbekannt wurde Rivius 1544 zum Konsistorialassistenten beim Dresdener Konsistorium bestellt und mit der Aufsicht über das Schulwesen und mit dem Aufbau der Fürstenschulen beauftragt. Seine Schüler gelangten in Schlüsselpositionen: Georg Fabricius (1516–1571), holte er 1546 als Rektor an die Fürstenschule St. Afra in Meißen; Adam Sieber (1516–1584) übernahm 1550 das Rektorat in Grimma, und 1554 übernahm als weiterer Rivius-Schüler Christoph Baldauf[21] die Leitung von Pforta. Nach Meißen holte Rivius zudem seinen alten Freund und Freiberger Kollegen Matthias Marcus Dabercusius und außerdem Hiob Magdeburg (1516–1577), den ehemaligen Klassenkameraden von Fabricius und Sieber und späteren Rektor der Stadtschule in Schwerin. Mit der frühen Vermittlung von Cyriacus Lindemann und Christoph Hutzler im Jahr 1544 nach Pforta rundet sich das Bild seines personalpolitischen Einflusses ab. Seit 1539 war Rivius auch an der Gestaltung der Schulgesetzgebung im albertinischen Sachsen maßgeblich beteiligt. Insgesamt erscheint Johannes Rivius, der 1553 in Meißen an der Pest starb, als der vielleicht wichtigste und einflußreichste Schulpraktiker und Schulpolitiker im albertinischen Herzogtum Sachsen, zumindest in der Zeit, in der Melanchthons Einfluß aufgrund der unterschiedlichen kirchenpolitischen Entwicklung stärker auf das ernestinische Kursachsen beschränkt war. Nach der überdeutlich paternalistischen Personalpolitik des Rivius wurde sein direkter Einfluß auf die Stellenbesetzung und sogar auf die Ausübung der ursprünglich ihm übertragenen Schulaufsicht über die Fürstenschulen rasch zurückgedrängt; der indirekte über seine Schüler Sieber und Baldauf blieb. Mit Sieber, der 1549 die Schulordnung für Chemnitz verfaßt hatte und seitdem als Autor zahlreicher Ordnungen – der *leges scholasticae Siberi* – in Erscheinung getreten war, wird die Rivius-Linie zu langdauerndem Einfluß geführt: Sieber war der führende Kopf des schul-

politischen Widerstands, der in der Sächsischen Schulordnung von 1580 den Einfluß Jacob Andreaes zurückdrängen und die Eigenheiten des sächsischen Schulwesens bewahren konnte.

2. Melanchthon an der Schwelle zur Schulreform

Die Lage des Schulwesens zu jener Zeit, da Melanchthon[22] nach Wittenberg kommt, erfordert eine differenzierte Beschreibung: Einerseits läßt sich für den Bereich der höheren Bildung eine umfassende Aufbruchstimmung feststellen, in welcher sich eine überwiegend modern, d.h.: humanistische orientierte Lehrerschaft an die Neugestaltung von Schule macht. Dies geschah allerdings weitestgehend unkoordiniert in lokal begrenzten Reforminitiativen, deren Protagonisten zudem nicht immer das rechte Maß in der Wahl ihrer Ziele und eine glückliche Hand in der Wahl ihrer Implementierungsstrategien an den Tag legten. Einigkeit bestand eigentlich nur in der Ablehnung der alten »sophistischen« Lehrweise. Auf der anderen Seite war der Bereich der elementaren Bildung noch kaum entwickelt: Insbesondere auf dem Land waren die Schulverhältnisse häufig desolat. Der Schulunterricht wurde als lästiges Beiwerk günstigstenfalls von den Pfarrern erteilt, wenn sie ihn nicht gleich vollständig an Hilfskräfte delegiert hatten. War die Gemeinde arm, kam es nicht selten vor, daß die Einkünfte des Hilfspersonals dem Pfarrer zugeschlagen wurden. Der Schulunterricht konnte dabei auf der Strecke bleiben. Deutsche Elementarschulen gab es in den Städten schon vom Mittelalter her, aber unter dem Einfluß der Reformation wuchs nun das Interesse an allgemeiner Bildung und geordnetem schulischen Unterricht für alle. Gemeinden und Staat begannen, sich im Hinblick auf die Gesamtorganisation des Schulwesens auch der deutschen Schulen anzunehmen und die ebenfalls existierenden privaten »Winkelschulen« zurückzudrängen. Erst die Württembergische Schulordnung von 1559 enthielt Regelungen für die deutschen Schulen, und erst in der Kursächsischen Ordnung von 1580 wurde die Elementarschule als schulischer Mindeststandard festgeschrieben: »Nachdem aber in etlichen Dörffern eine so geringe Anzahl derer Knaben, daß daselbsten keine lateinische Schule aufgerichtet werden kann, dazu die Untertanen arm, daß sie von wegen der Nahrung ihrer Arbeit nachwandern müssen, und also nicht Zeit haben, ihre Kinder selbst lehren und zu unterweisen. Damit nun derselben arbeitenden Leute Kinder in ihrer Jugend nicht versäumet, fürnehmlich aber in dem Gebet und Catechismo, und darneben im Schreiben und Lesen, ihren selbs und gemeines Nutzes wegen, ... besser unterrichtet und Christlich auferzogen werden: Ist unser Befehlich, wo noch zur Zeit durch die Custoden oder Kirchendiener nicht Schule gehalten, daß solches mit Rath derer Erb- und Gerichts-Herren, auch des Vistatoris und unserer Ambtleute aufgerichtet ... werde.«[23] Von Melanchthons Ankunft in Wittenberg bis zum Inkrafttreten dieser Ordnung vergingen allerdings mehr als 60 Jahre, die durch den systematischen Um- und Aufbau des Schulsystems geprägt waren.

Melanchthons Interesse an *Bildung* ist prinzipiell aufgrund seines humanistischen Werdeganges verständlich und spiegelt sich bereits in den Aktivitäten seiner Tübinger Zeit; sein Interesse an der Organisation eines *öffentlichen Schulwesens* in inhaltlicher und formal-struktureller Hinsicht ist allerdings nicht aus dieser humanistischen Grundauffassung allein ableitbar, sondern es ist aus den Erfahrungen der frühen Wittenberger Jahre entstanden: Melanchthon hatte nach seiner Antrittsvorlesung in Wittenberg eine überaus freundliche Aufnahme gefunden und war in kürzester Zeit zu Luthers Freund, Berater und Mitstreiter geworden. Während des Lutherschen Wartburgjahres übernahm Melanchthon eine Reihe von theologischen Aufgaben, die ihn sehr beanspruchten. In diese Zeit fällt auch die Veröffentlichung der Erstausgabe der *Loci communes* (1521), die noch sehr stark von einer im Kern bildungsfeindlichen Anthropologie geprägt war, indessen rasch im Laufe der zwanziger Jahre zugunsten ei-

Martin Luther, Öl auf Holzplatte, 38 x 25 cm
Unsigniert, Cranach-Nachfolge, Mitte 16. Jh., Typus um 1532 (Marienbibliothek Halle)

Philipp Melanchthon, Öl auf Holzplatte, 38 x 25 cm
Unsigniert, Cranach-Nachfolge, Mitte 16. Jh., Typus um 1532 (Marienbibliothek Halle)

ner bildungs-theoretisch positiven Sicht revidiert wurde. Die theoretische Sollbruchstelle ergab sich durch den Kontrast des traditionellen humanistischen Programms einer *perfectio hominis,* die als spezifisch menschliche Aufgabe und Leistung begriffen wurde, mit der Lutherschen Position zur Willensfreiheit: Melanchthon griff zu diesem frühen Zeitpunkt seiner geistigen Entwicklung die Idee Luthers auf, den Menschen vom Willen her zu begreifen. Diesen Willen dachte er jedoch nicht homogen, sondern als resultierende Kraft der beteiligten Einzelaffekte, die den Menschen wie einen Spielball umhertreiben. Freiheit von Affekten gebe es nicht. Der jeweils stärkste Affekt obsiege und reiße den Menschen in seine Bahn: *raptus* nannte Melanchthon diesen Prozeß. Aus der Sklaverei der Affekte könne sich der Mensch nicht aus eigener Kraft befreien; vielmehr sei es das Werk der göttlichen Gnade, in der Seele neue, reine Affekte zu erwecken, die stark genug seien, sich im Kampf gegen die übrigen Affekte durchzusetzen.

An dieser Stelle wird Melanchthons anfängliches pädagogisches Dilemma offenbar: Was nützt die ganze intellektuelle Gelehrsamkeit, wenn die kognitive Kontrolle über den Willen nicht nur bestritten, sondern im Gegenteil dem affektgetriebenen Willen die letzte Instanz in der Handlungsorientierung zugesprochen wird? Etwa gleichzeitig zu diesen theoretischen Überlegungen, die den Wert intellektueller Bildung deutlich in Frage stellten, kam es zu einer Reihe von Ereignissen, die Melanchthon in eine tiefe persönliche Krise stürzten, gleichzeitig seiner Bildungstheorie einen wichtigen Impuls vermittelten, weil nun sein humanistisches Erbe neu aktiviert wurde.

Luther hatte in seiner Schrift *An den christlichen Adel deutscher Nation* im 25. Artikel das Programm einer Universitätsreform beschrieben. Die Universitäten, die bis dahin zum größten Teil durch päpstliche Bullen errichtet worden waren, galten ihm als Stätten des bösen Geistes, eingerichtet, um Sünde und Irrtum zu mehren. Luther wandte sich insbesondere gegen Thomas von Aquin: In heftigen Angriffen warf er ihm vor, insbesondere in seiner Ethik vertrete er Ansichten, die mit der christlichen Glaubenslehre unvereinbar seien. Die Universitäten seien die eigentlichen Burgen des Teufels auf Erden. Manche, die Luthers Wort vernahmen, gingen in ihrer radikalen Konsequenz beträchtlich über ihn hinaus, indem sie nicht nur den derzeit existierenden, sondern jedweden gelehrten Unterricht verwarfen: Ausreichend für das persönliche Heil sei allein das Wort Gottes und zu seinem Verständnis bedürfe es keiner gelehrten Bildung, sondern ganz allein des Geistes. Melanchthon schloß sich solcher Kritik gelehrten Wissens und universitärer Hybris zunächst an[24], modifizierte jedoch schon bald seine Position erneut und erarbeitete sich eine neue, gefestigte Wertschätzung von gelehrter Bildung.

Die Gründe dieser Entwicklung waren zwingend. In Erfurt war es seit April 1521 zu Unruhen gekommen. Studenten hatten sich mit städtischen Jugendlichen zusammengetan und die Häuser von Geistlichen demoliert und geplündert. Nach wiederholten Übergriffen verließen die Kleriker die Stadt. Ihre Stelle nahmen Prädikanten ein, die in fundamentalistischem Wahn das Evangelium in seiner Unmittelkarkeit ohne Kontrolle einer hermeneutischen Vernunft lehrten. Mithin wandten sie sich nicht nur gegen die »Scholastiker«, sondern ebenso gegen die humanistisch gesonnenen Universitätslehrer. Die Zustände wurden so schlimm, daß besorgte Eltern ihre studierenden Söhne aus Erfurt zurückriefen; die Universitätslehrer verließen die Stadt; die Immatrikulationen hörten fast vollständig auf. Von diesem Niedergang der humanistischen Studien hat sich die Universität Erfurt nie wieder erholt. Bis zu ihrer Schließung zu Beginn des 19. Jahrhunderts versank die Universität Erfurt in wissenschaftliche Bedeutungslosigkeit.

Im November/Dezember 1521 kam es auch in Wittenberg zu Tumulten. Andreas Bodenstein, genannt Karlstadt (1486–1541), trug mit seinen Ideen zur Meßreform erheblich zur Radikalisierung der Situation bei. Etwa gleichzeitig traten die »Zwickauer Propheten« auf, an erster Stelle Nikolaus Storch (1500–1536?) und Markus Thomae, genannt Stübner, die sich auf den direkten Zuspruch des Geistes beriefen und Melanchthon für kurze Zeit »bis zu einem gewissen Grade«[25] ansteckten. Wenig später, im Januar 1522, kam es unter der Führung von Gabriel Zwilling (1487–1558) zum Bildersturm in der Augustinerkirche. Melanchthon, der zwischenzeitlich durch Eobanus Hessus von den Erfurter Ereignissen unterrichtet war, erlebte in diesen Wirren hautnah das Umschlagen von Freiheit in Zügellosigkeit und die zerstörerische Kraft eines fundamentalistischen, sich der argumentativen Vernunft verschließenden Sektierertums.

Als Karlstadt, der sich in der Folgezeit wieder stark der deutschen Mystik zugewendet hatte[26], aus diesem bildungsfeindlichen Fundamentalismus heraus im Februar 1523 einen Eklat über die Zulässigkeit von Doktorprüfungen in der Theologischen Fakultät herbeiführte und seinen eigenen Doktortitel ablegte, hatte sich Melanchthon innerlich längst gefangen und bereits damit begonnen, die eigene Dignität einer soliden Bildung gegenüber allen theologischen und sozialen Anfechtungen herauszustellen. Mehr noch: Bildung wurde für den aus der Krise gefestigt hervorgehenden Melanchthon zur *conditio sine qua non* eines gelingenden christlichen Lebens im einzelnen wie eines befriedeten gesellschaftlichen Lebens im ganzen. In dieser tiefen Krise besann sich Melanchthon auf seine humanistischen Wurzeln und begann, eben dieses Erbe für die Anforderungen der neuen Zeit fruchtbar zu machen. Als der Bauernaufstand in Thüringen am 19. April 1525 in Vacha begann, hielt sich Melanchthon zusammen mit Luther in Eisleben auf, um der Gründung der dortigen Lateinschule beizuwohnen. Das Programm von *pietas* und *eruditio*, das dem einzelnen ein christliches Leben ermöglichen und eben dadurch der Gemeinschaft Frieden und Gerechtigkeit bringen sollte, war begonnen, konnte jedoch das Gemetzel von Frankenhausen und das anschließende Blutgericht nicht mehr verhindern.

Durch das Auftreten revolutionärer Schwärmer wie Karlstadt und Thomas Müntzer einerseits wie durch die soziale Bewegung der Bauernaufstände andererseits wurde das Bildungswesen stark in Mitleidenschaft gezogen. Hinzu kam, daß die organisatorische Grundlage des Bildungswesens, die bisher auf kirchlichen Einrichtungen beruht hatte, zerfiel, ohne daß unmittelbar neue Träger des Bildungswesens bereit gestanden hätten. Die unruhige Zeit war für Schule und Wissenschaft insgesamt alles andere als günstig. Kein geringerer als Erasmus fällte 1528 in einem Brief an Willibald Pirckheimer das harsche Urteil: »Wo der Lutheranismus herrscht, da ist der Untergang der Wissenschaften.« Bei Paulsen wird ein retrospektives Resümee des Melanchthon-Vertrauten Justus Jonas (1493–1555) aus dem Jahr 1538 überliefert: »Vor wenigen Jahren gab es in Deutschland zahlreiche hohe Schulen, sie waren, während die Religionslehre noch ganz tot dalag, lebendig wirksam und zahlreich besucht; dazu gab es zahllose Klöster, die doch auch einigermaßen Schulen vorstellten. Seitdem das Evangelium seinen Weg durch die Welt angetreten hat, sind viele Universitäten so gut wie ausgestorben, als ob das Studium jetzt, wo die wahre Methode, Theologie zu lehren und zu lernen, am Tag ist, ein Verbrechen und ein Schimpf wäre.«[27] Derselbe Verfall trat bei den niederen Schulen ein. Fast alle Schulordnungen der neuen Landeskirchen nehmen von diesem Faktum ihren Ausgangspunkt.

3. Anfänge der Schulreform: Die schola privata und Reformprojekte außerhalb Sachsens

Nach der Leipziger Disputation mit Johannes Eck (1486–1543) war Melanchthon zunächst intensiv mit theologischen Fragen beschäftigt; sein theologischer Aufgabenbereich wuchs bis zur Überlastung an, als Luther nach dem Reichstag zu Worms am 4. Mai 1521 auf der Wartburg in Sicherheit gebracht wurde und Melanchthon leitende Verantwortung in Wittenberg übernehmen mußte. Ihm als Pädagogen fiel dabei auch die Aufgabe zu, die didaktische Vermittlung und pädagogische Fundierung der neuen Theologie zu leisten.

Den Lösungsweg, den Melanchthon hier beschritt, entwickelte er aus einem kleinen, privaten Rahmen heraus zum Programm einer gesamtstaatlichen Bildungsreform, die nicht nur organisatorisch-strukturelle Aspekte, sondern auch inhaltlich-curriculare Fragen umfaßte. Als Keimzelle seines pädagogischen Wirkens kann dabei seine 1521 gegründete[28] *schola privata* angesehen werden. Dabei handelte es sich nicht »nur« um eine Schule, sondern um eine pädagogische Lebensgemeinschaft. Zum Verständnis muß man erstens wissen, daß das erzieherische Kernstück der mittelalterlichen Universität die Burse war. Bursen waren in der Regel durch Stiftung errichtete Wohn- und Kostheime für Studenten, in denen die Bewohner unter der Leitung eines *magister regens* aus einer gemeinsamen Kasse – der *bursa* – lebten. An der Universität Wittenberg, die erst 1502 als ernestinische Landesuniversität von Kurfürst Friedrich dem Weisen (*1463, 1486–1525) begründet worden war, gab es viel zu wenige dieser Bursen. Melanchthon, der dem Bursenwesen aus seiner Heidelberger und Tübinger Zeit insgesamt sehr positiv gegenüber stand, versuchte durch die Aufnahme von Studierenden in die häusliche Gemeinschaft diesen Mißstand zu lindern. Gleichzeitig ermöglichte ihm diese Konstruktion zweitens, einen weiteren Mangel auszugleichen: Melanchthon beklagte häufig die mangelnde Vorbildung, mit der Absolventen der Lateinschulen ihr Universitätsstudium begannen.[29] Ob, wie Hartfelder vermutet, die Pensionszahlungen seiner Schüler zur Sicherung des Lebensunterhalts Melanchthons beigetragen haben, darf indessen bezweifelt werden: Wäre dies so gewesen, dann hätten sich gewiß Nachahmer im Kollegenkreis der Professoren gefunden; tatsächlich hat Melanchthon jedoch häufig beklagt, daß niemand seinem Beispiel folgen wollte.

Die *schola privata* darf man sich mithin nicht wie eine straff organisierte Schule im heutigen Verständnis vorstellen; vielmehr hat man an eine bunte Lebensgemeinschaft von pubertierenden bis hin zu postadoleszenten jungen Männern zu denken, für die Melanchthon Privatissima in Form von Übungen und Vorlesungen hielt. Für den Unterricht in dieser *schola privata* hat Melanchthon einige kleine Bücher verfaßt: die Schrift *Unterschidt zwischen weltlicher und Christlicher Fromkeyt*[30] (1521/22), das *Enchiridion elementorum puerilium (Handbüchlein des Einführungs- und Grundlagenwissens für Jungen)* (1524)[31] und die *Institutio puerilis literarum Graecarum (Unterricht in griechischer Literatur für Jungen)* (1525)[32]. Man kann die erstgenannte Schrift heranziehen, um die Entwicklung des Erziehungsdenkens bei Melanchthon zu verfolgen.[33] Er unterschied hier weltliche (oder äußerliche) Frömmigkeit von der christlichen (oder göttlichen). Beide Bereiche werden pädagogisch verklammert: Zwar galt ihm die »Kinderzucht« als »bloß äußerliche Übung, jedoch von Gott befohlen«, wobei die Erziehungsaufgabe hier noch primär bei den Eltern angesiedelt wird – während der spätere Melanchthon stärker die Verantwortung der Kommunen beziehungsweise des Staates für den Bildungsprozeß betont, wobei für unsere Zwecke völlig offen bleiben kann, ob es sich bei dieser Verlagerung um einen Ausdruck seiner gewachsenen Wertschätzung für den Staat handelt oder ob politisch-pragmatische Fragen der Sicherung von Bildung in einer unruhigen Epoche ausschlaggebend waren. Wichtig ist vor allem, daß Melanchthon die Erziehung als »von Gott befohlen« legitimiert und ihr Verhältnis zur weltlichen Obrigkeit diskutiert.

Die beiden anderen Bücher waren direkt für den unterrichtspraktischen Einsatz konzipiert und geben uns eine Vorstellung davon, wie Melanchthon die formale und inhaltliche Seite des Unterrichts miteinander verschränkt: Das *Enchiridion* ist eine Einführung in die lateinische Sprache für Anfänger ohne Vorkenntnisse in Form einer Chrestomathie, die *Institutio* erfüllt den nämlichen Zweck für die griechische Sprache. Die Texte, die hier als mustergültig und belehrend ausgewählt wurden, betreffen ausnahmslos Gegenstände, die den Schülern aus ihrer religiösen Praxis vertraut sein mußten und denen Melanchthon einen grundlegenden Charakter beimaß. Es handelt sich um Gebete und einige Abschnitte aus dem Neuen Testament. So wurde mit dem Sprachstudium zugleich christliche Glaubenslehre und Ethik vermittelt. Einen expliziten Religionsunterricht hat es in der *schola privata* im Unterschied zu manchen unter Melanchthons späteren Schulentwürfen indessen nicht gegeben; und als zweiter Unterschied zur Sächsischen Schulordnung von 1528 fällt die Einbeziehung des Griechi-

schen ins Auge, was Melanchthon für die Organisation des gesamten sächsischen Schulwesens nicht in Betracht zog.
Mit der *schola privata* verwirklichte Melanchthon im kleinen Maßstab das Muster einer Lateinschule, mit der eine wirksame Vorbereitung auf das Studium möglich war. Die Ideen, die Melanchthon in diesem Rahmen entwickelte, sind erkennbar in den *Unterricht der Visitatoren* eingegangen und sollten damit für ganz Kursachsen Bedeutung erlangen. Melanchthon nutzte darüber hinaus die *schola privata*, um seine Schüler lateinische Komödien aufführen zu lassen, zu denen er selbst jeweils einen Prolog dichtete. Angesichts der räumlichen Enge, von der man sich heute noch im Wittenberger Melanchthon-Haus überzeugen kann, dürfte es sich hierbei eher um szenische Lesungen als um bühnenfüllendes Theater gehandelt haben; doch wußte Melanchthon dieses Instrument als Ansporn für seine Schüler und als Öffentlichkeitsarbeit im Sinne humanistischer Bildung zu nutzen, da diesen Aufführungen doch regelmäßig Wittenberger Honoratioren beiwohnten. Die Aufführung antiker Stücke in Schultheatern hatte Melanchthon selbst in seiner eigenen Schülerzeit kennen- und schätzengelernt. Seine Wit-

Melanchthons Wohnhaus in Wittenberg
Fassade zur Collegienstraße
1897
(Lutherhalle Wittenberg)

tenberger Praxis fand auch Nachahmer im albertinischen Sachsen: Johannes Muschler, seit 1525 Rektor der Nikolaischule in Leipzig, war einer der ersten, die die Schulkomödien in Leipzig einführten: Im Jahr 1535 ging auf dem Leipziger Rathausboden die *Hecyra* des Terenz in Szene.[34] Im übrigen scheinen die Absolventen der *schola privata,* soweit sie zum Teil namentlich bekannt sind, erfolgreiche Persönlichkeiten des öffentlichen Lebens geworden zu sein.[35] Die Bedeutung der pädagogischen Erfahrungen aus der Sphäre der *schola privata* als Vorbild für die Organisation von Schulen wird auch deutlich, wenn man zur Kenntnis nimmt, daß zwei seiner Schüler Melanchthon auf seiner Visitation in Thüringen 1527 begleiteten.[36]

In die Zeit der *schola privata* fällt auch Melanchthons Autorenschaft griechischer und lateinischer Lehrbücher. 1518 war bereits seine griechische Grammatik *(Institutiones Graecae Grammaticae)*[37] erschienen. 1523 folgten die *Elementa puerilia,*[38] 1525 die *Grammatica latina*[39]. Die Wirkung dieser Schulbücher war beachtlich: Melanchthons lateinische Grammatik war etwa zeitgleich mit der *Grammatica Rivii* erschienen.[40] Aber durch den Umstand, daß Melanchthon bei der Formulierung seiner Schulpläne für Eisleben und Kursachsen, über die noch zu berichten sein wird, dasselbe didaktische Konzept für den Lateinunterricht zugrunde legte wie in seiner Grammatik, wurde die Melanchthonsche Grammatik binnen kürzester Zeit führend. Nach einer redaktionellen Überarbeitung durch Camerarius im Jahre 1550 blieb dieses Schulbuch in Sachsen bis in die Mitte des 18. Jahrhunderts in Gebrauch. Die griechische Grammatik, die nur die Formenlehre enthielt, fand nach der Bearbeitung durch Camerarius im Jahre 1545 stärkere Verbreitung. Im Jahr darauf erschien allerdings die Arbeit des Meißener Rektors Georg Fabricius, die nach den Angaben der ältesten afranischen Lehrordnung dort sofort im Unterricht der Prima eingesetzt wurde. Bald darauf erschien die auf den Vorarbeiten Melanchthons aufbauende Grammatik des Tübinger Gräzisten Martin Crusius, die bald die führende Stellung errang.

Während Melanchthon Erfahrungen mit dieser *schola privata* sammelte, boten sich ihm in rascher Folge eine Reihe von Möglichkeiten, seine Vorstellungen in kommunalen Schulen zu verwirklichen. Der Rat der Stadt Magdeburg hatte sich mit der gesamten Bürgerschaft 1524 der Reformation zugewandt. Durch Zusammenlegung einiger älterer Parochialschulen[41] wurde eine evangelische lateinische Stadtschule errichtet, zu derem ersten Rektor der Wittenberger Melanchthon-Schüler Caspar Cruciger (1504 bis 1548) berufen, der ab 1528 Prediger in der Wittenberger Schloßkirche wurde. Melanchthon reiste mit Cruciger nach Magdeburg, um den neuen Rektor in sein Amt einzuführen.[42] Einzelheiten der Schulorganisation und des Lehrplans sind von dieser Schule nicht bekannt. 1525 wurde unter maßgeblicher konzeptioneller Beteiligung Melanchthons die Lateinschule in Eisleben gegründet, über die in diesem Band an anderer Stelle ausführlich berichtet wird. In das Programm der Eisleber Schule sind erkennbar die Erfahrungen Melanchthons aus der *schola privata* eingegangen. Die Eisleber Schulordnung ihrerseits wurde in vielen Punkten zum Modell für die Sächsische Schulordnung von 1528, über die noch zu berichten sein wird. Bevor mit dieser

Schulordnung zum ersten Mal ein direkter Einfluß Melanchthons im kursächsischen Territorium nachweisbar ist, muß als weitere konzeptionelle Leistung sein Beitrag zur Errichtung der »Oberen Schule« in Nürnberg (1526) erwähnt werden. Melanchthon, dem 1524 und 1525 erneut das Rektorat der Schule und eine Rhetorik-Professur angetragen worden war, konzipierte einen Schulplan, der deutlich über die Organisationsformen und Inhalte gewöhnlicher Lateinschulen hinausging. In seiner Eröffnungsrede *In laudem novae scholae*[43] spricht Melanchthon die Lehrer als Professores an[44]. Die *ratio scholae Norembergae* erschien 1526 anonym; ihre Lehrgegenstände entsprechen im wesentlichen denen der Artistenfakultät an den Universitäten. Auf Vermittlung Melanchthons wurde sein Schüler und engster Freund Joachim Camerarius (1500–1574) zum Rektor der Schule und Professor für Griechisch bestellt. Auch Eobanus Hessus (1488–1540), der an der inzwischen siechen Universität Erfurt ein recht kümmerliches Dasein führte, wurde von ihm an diese Schule empfohlen und erhielt die Professur für Poesie. Die Professur für Rhetorik wurde mit Michael Roting besetzt, der wie Camerarius zum Wittenberger Schülerkreis Melanchthons zu zählen ist.[45] Das Kollegium wurde vervollständigt durch Johann Schoner, der Mathematik lehrte. Diese vier bezogen ein Gehalt, das dem eines Universitätsprofessors nicht nachstand.[46] Die Nürnberger Schulrede, die Melanchthon am 26. 5. 1526 hielt, ist ein wichtiges Dokument zum Verständnis seiner Bildungsphilosophie, insbesondere wenn man sie mit der Wittenberger Antrittsvorlesung aus dem Jahre 1518 vergleicht. Sie zeigt die Entwicklung vom Humanisten zum christlichen Humanisten und staatstheoretischen Bildungsreformer. An dieser Stelle muß ich mich darauf beschränken, auf den umfassenden ordnungspolitischen Aspekt hinzuweisen, der in dieser Rede erscheint und für die Visitation in Sachsen von Bedeutung sein wird: Ging die Wittenberger Antrittsvorlesung noch primär vom individuellen ethisch-religiösen Nutzen der Sprachstudien aus, stellte er nun in Nürnberg die Bedeutung der Bildung für die Gemeinschaft heraus. Humanistische Bildung ist erforderlich, um dem Staat ein ausreichendes Potential fachlich befähigter und sittlich geeigneter Führungskräfte zur Verfügung zu stellen.[47] Mit diesem Ansatz ist der Grundstein gelegt für eine umfassende Neuorganisation des Schulwesens, geprägt durch christlich-humanistische Zielsetzung und in der Verantwortung des Staates.

4. Die Neuordnung des sächsischen Schulwesens im Zuge der Visitationen

Die verschiedenen Unruhen, die Sachsen in der ersten Hälfte der zwanziger Jahre hatte erleben müssen, machten deutlich, daß die Probleme der Festigung der evangelischen Lehre einerseits und der überörtlichen Leitung der Kirche andererseits unbedingt neu geregelt werden mußten. Für Luther war in seiner Schrift *An den christlichen Adel* von 1520 die weltliche Obrigkeit die einzige Instanz gewesen, die zur Durchführung kirchlicher Reformen noch in der Lage war. Der sächsische Adel hatte, durchaus in diesem Sinne, auf dem Landtag zu Altenburg im Jahr 1523 den Kurfürsten aufgefordert, eine landesweite Visitation[48] durchzuführen, mit dem Ziel, die Reformation in Sachsen einzuführen.[49] Kurfürst Friedrich der Weise beabsichtigte jedoch nicht, sich direkt in kirchliche Angelegenheiten einzumischen, und auch Luther scheint anfangs mit der Visitation weniger eine Normierung in Glaubensfragen als vielmehr eine Lösung zahlreicher praktischer Probleme, allen voran die Sicherstellung einer ordentlichen Besoldung von Pfarrern, verbunden zu haben.[50] Aber bei dem Bruder des Kurfürsten, Herzog Johann und dessen Sohn Herzog Johann Friedrich fand sich eine deutliche Bereitschaft zu kirchenleitenden Maßnahmen. Luther wurde 1524 zu einer Visitationsreise nach Orlamünde geschickt, um mit den dortigen Anhängern Karlstadts die Streitigkeiten zu beenden; im gleichen Jahr visitierte Jakob Strauss in der Umgebung von Eisenach, um hier die evangelische Verkündigung durchzusetzen. Nach dem Tode Friedrichs des Weisen im Jahr 1525 ließ sich der nunmehrige Kurfürst Johann der Beständige von Luther überzeugen, daß die materielle Absicherung der Kirchen und der Schulen einer gesamtstaatlichen Regelung bedurfte, weil der Adel den bisherigen Klosterbesitz plünderte und die Bauern ihre kirchlichen Abgaben nicht mehr leisteten. Nachdem es die Strafe des Kirchenbanns nicht mehr gab, war nämlich die Zahlungsmoral der Abgabepflichtigen zusammengebrochen. Dies wirkte sich über die materielle Situation der Pfarreien direkt auf die Situation des Schulwesens aus. Der Kurfürst beauftragte den kursächsischen Kanzler Gregor Brück, den Weimarer Kämmerer Hans von Gräfendorf und die Dekane der Wittenberger Universität mit der Beratung eines Handlungsprogramms. Die Universität wurde durch Hieronymus Schurf und Philipp Melanchthon vertreten. Die Visitation begann im Juli 1527 im Amt Weida und wurde dann im benachbarten Saalekreis bis nach Jena fortgesetzt. Im September desselben Jahres wurde außerdem das Amt Altenburg visitiert.

Angesichts der sehr unzulänglichen theologischen Bildung der Geistlichen war Melanchthon klar geworden, daß die Visitatoren eine einheitliche Grundlage für ihre Belehrung der Pfarrer und Lehrer benötigten. Er verfertigte daraufhin den Entwurf einer Lehrgrundlage für die weiteren Visitationen, der in Teilen zu einer scharfen Auseinandersetzung mit dem Rektor der Eisleber Lateinschule, Johann Agricola, führte. Melanchthons Entwurf, der im September 1527 in einer sehr komprimierten Beratungsfolge mit wenigen Änderungen beschlossen worden war, erschien – verzögert durch Papiermangel – im März 1528 unter dem Titel *Unterricht der Visitatoren an die Pfarrherren im Kurfürstentum zu Sachsen*[51]. Bemerkenswert ist, daß im Erstentwurf der Visitationsartikel[52] der Abschnitt *Von Schulen* noch nicht enthalten war. Damit wird nochmals deutlich, daß die Visitation primär als ein Unternehmen der kirchlichen Neuordnung anzusehen ist, »auf deren Rücken« sich begleitend und ergänzend die Neuordnung des Schulwesens vollzieht.

Die in der Schulordnung genannten Motive schließen unmittelbar an die Nürnberger Schulrede an. Hatte es dort geheißen, die Regierungskunst sei ohne gründliche Vorbereitung durch ein Studium der humanistischen Wissenschaft schlechterdings nicht zu erlernen, wurde nun der Doppelaspekt einer geistigen und weltlichen Elitebildung wieder aufgegriffen: »Es sollen auch die Prediger die Leute vermahnen, ihre Kinder zur Schule zu tun, damit man Leute aufziehe, geschickt zu lehren in der Kirche und sonst zu regieren.«[53] Und an anderer Stelle unterstrich Melanchthon nochmals diesen Doppelauftrag: »Und solcher geschickter Leute bedarf man nicht allein zu der Kirchen, sondern auch zu dem weltlichen Regiment, das Gott auch will haben.«[54] Inhaltlich ähnelt diese sogenannte Kursächsische Schulordnung von 1528 sehr stark dem Plan, nach welchem die Lateinschule in Eisleben eingerichtet worden war. Der gravierendste Unterschied besteht darin, daß der Unterricht ausdrücklich auf die lateinische Sprache eingeschränkt wurde: »Erstlich sollen die Schulmeister viel Fleiß ankehren, daß sie die Kinder allein Lateinisch lehren, nicht Deutsch oder Griechisch oder Hebräisch, wie etliche bisher getan, die armen Kinder mit solcher Mannigfaltigkeit zu beschweren, die nicht allein unfruchtbar, sondern auch schädlich ist.« Und Melanchthon fügte hinzu: »Man sieht auch, daß solche Schulmeister nicht der Kinder Nutz bedenken, sondern um ihres Ruhmes willen so viele Sprachen vornehmen.«[55] Diesem ersten Prinzip fügte Melanchthon noch zwei weitere hinzu, indem er zweitens die Konzentration auf wenige Lehrbücher und drittens die aus Eisleben bereits bekannte Einteilung der Schülerschaft in drei Klassen forderte. Auch die zu behandeln-

Philipp Melanchthon
Unterricht der Visitatoren
1528
Titelblatt des Erstdrucks von
Nickel Schirlentz in Wittenberg
Titelholzschnitt aus der Cranach-Werkstatt

den Inhalte ähneln stark dem Eisleber Programm. Schließlich finden sich Argumente zur curricularen Legitimation der Kerninhalte und – wenige – Hinweise zur organisatorischen Umsetzung sowie zur Didaktik.

Im Hinblick auf die erste Klasse oder, wie es in Melanchthons deutschem Text heißt, auf den »ersten Haufen« dominiert die inhaltsbezogene Argumentation. Allgemeine Bildungsziele sind Lesen und Schreiben. Dazu wurde benutzt »der Kinder Handbüchlein«, also Melanchthons *Enchiridion elementorum puerilium* aus der *schola privata,* das – wie weiter oben bereits dargestellt – nebst dem Alphabet im wesentlichen religiöse Texte mit hohem Bekanntheitsgrad enthielt. Nach Abschluß dieses Pensums sollten sich die Schüler mit Donat[56] und Cato[57] beschäftigen. Der Donat diente der Lektüre, der Cato hingegen wurde vorgetragen und erläutert und sollte zusammen mit der Übersetzung auswendig gelernt werden, damit die Schüler dadurch »einen Haufen lateinischer Worte lernen« und für sich einen »Vorrat zu reden« schaffen konnten. Der Erwerb eines ausreichend großen lateinischen Wortschatzes sollte ferner dadurch unterstützt werden, daß den Kindern vor Schulschluß Vokabellisten gegeben und zu lernen aufgegeben wurden. Außerdem sollten sie »zur Musik angehalten werden und mit den anderen singen«. Methodisch beschränkte sich Melanchthon auf den Hinweis des rechten »Exponierens«: Die Schulmeister sollten nicht mehr als ein bis zwei Verse des Cato besprechen, welche die Schüler zu einer anderen Stunde »aufsagen« mußten.

Melanchthon legte Wert auf die solide Grundlegung des Sprachstudiums durch die Verfügbarkeit eines ausreichend großen und sicher beherrschten Wortschatzes: »Darin sollen sie geübt werden, so lang, bis sie gut lesen können. Und es wäre wohl recht fruchtbar, wenn die schwachen Kinder, die keinen sonderlich schnellen Verstand haben, den Cato und den Donat nicht nur einmal, sondern wiederholt lernten.«[58] Die didaktischen Hinweise, die Melanchthon für die erste Klasse gibt, beschränken sich auf die Empfehlung zeitlich versetzter Phasen des Neuerwerbs von Wissen und der anwendenden Wiederholung. Die Übungen, die zum Erwerb der Schreibfähigkeit dienen, sollten so gestaltet werden, daß die Schüler »täglich ihre Schrift dem Schulmeister zeigen«. Neben dem lernpsychologischen Argument des verteilten Übens ist hieraus die Forderung nach Durchführung schriftlicher Übungen – in der Schule oder als Hausarbeit – abzuleiten. Angaben zur zeitlichen Organisation des Unterrichts fehlen, wenn man von der Sequentialisierung des Lernstoffs absieht.

Die zweite Klasse lernte Grammatik, und zwar zunächst Etymologie (Formenlehre), dann Syntax, schließlich Prosodie und Metrik. Diesen umfassenden Grammatikunterricht betrachtete Melanchthon – so seine curriculare Legitimation – als unverzichtbaren Kern sprachlicher Bildung, »denn wo solches nicht geschieht, ist alles Lernen verloren und vergeblich«[59]. Die Vermittlung solider grammatischer Kenntnisse wird darüber hinaus zum Professionalitätskriterium der Lehrerschaft, denn Melanchthon fordert in aller Härte: »Wo auch den Schulmeister solche Arbeit verdrießet, was sehr häufig der Fall ist, soll man ihn laufen lassen und den Kindern einen anderen suchen, der sich der Mühe unterzieht, die Kinder zur Grammatik anzuhalten.« Als Lektüre

und Übungsfeld für grammatische Analyse dienten zunächst Äsop und das Lehrbuch des Petrus Mosellanus, später Erasmus, Terenz und die »reinen fabulae« des Plautus. Wie schon für den ersten Haufen ist auch für die zweite Abteilung Musik Unterrichtsfach. Der zweite »Haufe« soll außerdem »Christliche Unterweisung lernen«. Die Notwendigkeit eines Religionsunterrichts nicht neben, sondern im Kontext und in der Verantwortung eines öffentlichen Schulwesens wird durch zweifache Abgrenzung legitimiert: »Denn etliche (Kinder) lernen gar nichts aus der Heiligen Schrift. Etliche lernen die Kinder gar nichts außer der Heiligen Schrift. Beides ist nicht zu dulden.«
Didaktisch gibt Melanchthon nur wenige Grundprinzipien für den Grammatikunterricht vor: Der Lehrer soll sich bei der Zusammenstellung seiner Unterrichtsbeispiele am Entwicklungsstand und intellektuellen Potential der Schülerschaft orientieren: »... soll der Lehrer etliche Nomina und Verba deklinieren, nach Gelegenheit der Kinder, viel oder wenig, leichte oder schwere.« Über den Lernerfolg seiner Schüler hat sich der Lehrer zu vergewissern: »... und er soll sie auch fragen nach den Regeln und Ursachen solcher Deklination«. Ähnlich detaillierte Anweisungen hat Melanchthon auch für die Durchführung der Christlichen Unterweisung bereit. Er legt Wert auf die individuelle und vollständige Prüfung der Wissensbasis bei jedem einzelnen Schüler. Notfalls sollte die Gruppe der zu Prüfenden geteilt, nicht jedoch der Umfang der Befragungen reduziert werden. Zu den ständig zu vergewissernden Inhalten gehören das Vaterunser, das Glaubensbekenntnis, der Dekalog und die Psalmen, in denen »die Summa eines Christlichen Lebens begriffen ist«. Explizit werden die Psalmen 111, 34, 128, 125, 127 und 123 genannt. Weitere Inhalte sind das Evangelium nach Matthäus, die beiden Paulusbriefe an Timotheus und die Sprüche Salomos. Weitere Texte werden ausdrücklich ausgeschlossen mit dem Hinweis, es sei nicht fruchtbar, die Jugend mit »schweren und hohen Büchern zu beladen« wie beispielsweise dem Römerbrief oder dem Johannes-Evangelium. Methodisch verließ Melanchthon damit die Basis einer eher vorlesungsorientierten mittelalterlichen Schule, die primär auf das Hören abstellte und den Lernerfolg des Schülers fast ausschließlich von dessen Auswertekapazität abhängig machte. Er verknüpfte statt dessen das mittlere Lehrtempo mit dem mittleren Lernerfolg der Schülerschaft und legte damit den Grundstein zu einem effizienteren Unterricht.
Bemerkenswert ist, daß Melanchthon für diese zweite Abteilungen genauere Angaben über die zeitliche Verteilung des Stoffs und der Unterrichtsfächer über den Tag gibt. Zwar läßt sich mit seinen Angaben keine Stundentafel im heutigen Sinn rekonstruieren, aber man gewinnt eine grobe Vorstellung vom Tagesablauf. Auffällig ist daran, daß Melanchthon hier wie auch später in der Beschreibung des »dritten Haufens« die zeitliche Organisation des Schultages nicht vom Morgen, sondern vom Mittag her beschreibt. Es spricht einiges dafür, daß dies bewußt geschieht. Dies wiederum würde bedeuten, daß Melanchthon die »lange Pause« von Abend und Nacht in die lerntheoretische Strukturierung des Schultages mit einbezieht, beispielsweise um die Phase der physischen Rekreation zugleich als Phase kognitiver Festigung zu nutzen. Es existieren

zwei verschieden artikulierte Zeitzyklen: Einer, der sich von Mittag zu Mittag streckt, und ein zweiter, welcher den Wochenrahmen überdeckt. Die Artikulation der Woche geschieht durch zwei Elemente: den nicht eigens erwähnten unterrichtsfreien Sonntag und durch einen zweiten Tag – Melanchthon nennt Sonnabend oder Mittwoch –, der für christliche Unterweisung vorzusehen ist. Mit dem Mittwoch ergäbe sich eine nahezu symmetrische Artikulation der Woche in zwei etwa gleich große Zeitblöcke, die von zwei religiösen Zäsuren gegliedert werden. Im Falle des Sonnabends ergibt sich eine Zweiteilung der Woche in einen fünftägigen »Lernblock« und eine zweitägige stärker religiös bestimmte Phase, wobei der Sonnabend die angemessene geistige Vorbereitung auf den Sonntag leisten kann. Beide Modelle haben ihre Vorzüge.
Die zeitliche Artikulation der übrigen Unterrichtstage beginnt nach dem Mittag um 12 Uhr mit Musik. Danach werden vom Schulmeister die Fabeln des Äsop ausgelegt. Nach der Vesper, die organisatorisch mit einer Pause von 2 bis 3 Uhr verbunden sein kann, ist die Zeit für lateinische Übungen anhand der Pädalogie des Mosellanus, später ist dies die Zeit für die *colloquia* des Erasmus. Wir bemerken methodisch, daß damit der Aktivitätspol im Idealfall von der Seite des Schulmeisters auf die Seite der Schüler wechselt. Die Schüler werden mit der Auslegung eines Sinnspruchs in den Abend entlassen. Dies ermöglicht die abschließende Straffung des religiös-sittlichen Sinnbezugs menschlicher Existenz vor der Phase der kognitiven Festigung. Diese Phase dient sowohl der körperlichen Rekreation und dem individuellen Studium. Am nächsten Morgen beginnt der Unterricht mit der Wiederaufnahme des Äsop, der aber nun von den Kindern auszulegen ist. In diesen Unterricht integriert wird die Vernetzung von inhaltlichem und grammatikalischem Wissen: Anhand der ausgelegten Texte werden nun Deklinationen geübt. Dadurch werden die sprachlichen Wissensbausteine aus ihren ursprünglichen Verwendungszusammenhängen herausgelöst und gerade dadurch für die Anwendung des Schülers verfügbar gemacht.[60] Konsequent endet die Melanchthonsche Tagessequenz mit dem festen zeitlichen Institut, daß die letzte Stunde vor der Mittagspause, die von 10 bis 12 Uhr gedauert haben dürfte, der Grammatik vorbehalten ist. Damit erreicht einerseits die Sequenz ihren Abstraktionshöhepunkt: von der Auslegung des konkreten Textes zur theoretischen Reflexion seiner grammatischen Struktur, andererseits findet dadurch eine Art von methodisch betriebener und im Methodenbewußtsein verankerter Ergebnissicherung statt.[61] Aus der Textanalyse werden grammatikalische Gesetzmäßigkeiten gewonnen, die abschließend als solche ins Bewußtsein gehoben werden. Die längere Mittagspause schafft die wünschenswerte Zäsur vor dem nächsten Taktzyklus.
Systematisch erreicht Melanchthon damit eine überzeugende Gliederung der Lernsequenz von vierundzwanzig Stunden Dauer, in welche die notwendigen Pausenzeiten sinnvoll zur Festigung von Zwischenergebnissen einbezogen sind und welche außerdem die durchschnittliche physiologische Leistungskurve der Schüler berücksichtigt: Die schwierigsten Teile des Lernprozesses werden nach ausreichender Vorbereitung und Sicherung am Vortag auf die leistungsintensiven Vormittagsstunden gelegt.

Die Anweisungen für den »dritten Haufen« sind wieder ähnlich kurz gehalten wie die zu den Anfängern. Wir erfahren, daß nicht alle, sondern nur »die Geschicktesten« hierfür ausgewählt werden sollen. Wiederum beginnt der Unterrichtstag nach der Mittagspause mit Musik. Man liest Vergil, Ovids Metamorphosen und Ciceros *de officiis.* Methodisch übernimmt Melanchthon das für die zweite Abteilung erläuterte Schema: Am Nachmittag wird vorbereitet, am Morgen wiederholt und grammatisch analysiert, den Schlußpunkt bildet stets die Grammatikstunde vor Mittag. Wenn die Übungen in Formenlehre und Syntax zu einem ausreichenden Erfolg geführt haben, sollen die Schüler in Metrik geübt werden, damit sie die Kunst des Versemachens lernen. »Denn dieselbig Übung ist sehr fruchtbar, anderer Schrift zu verstehen. Sie macht auch die Knaben reich an Worten und zu vielen Sachen geschickt.«[62]

In systematischer Hinsicht fällt an dieser Schulordnung neben dem bislang Ausgeführten auf, daß es sich hier um das Programm einer rein sprachlichen und noch dazu reduzierten sprachlichen Bildung handelte, die offenkundig weniger das Wünschenswerte als das Notwendige im Sinne eines Mindeststandards für das gesamte Land Sachsen darstellte: Gegenüber dem ehrgeizigen Nürnberger Entwurf wurde auf den Einbezug mathematischer Bildung nun völlig verzichtet; auch Geschichte, die in seinen Überlegungen zur akademischen Allgemeinbildung im Rahmen der Artistenfakultät stets eine bedeutende Rolle gespielt hatte, wurde nicht Unterrichtsfach, von moderneren Fächern wie Geographie und Naturwissenschaften ganz zu schweigen. Gegenüber der Eisleber Vorlage wurde die sprachliche Bildung nochmals weiter auf die lateinische Bildung beschränkt. Melanchthon hatte wohl inzwischen zur Kenntnis nehmen müssen, daß zwei- oder gar dreisprachige Gelehrtenschulen selbst in großen Städten kaum dauerhafte Überlebenschancen hatten. Die Nürnberger Schule kam nie richtig in Schwung, und dies trotz der beträchtlichen Finanzmittel, die ihr zur Verfügung standen. In der Visitation ging es nun vor allem darum, einen schulischen Mindeststandard zu etablieren, der wenn auch nicht auf dem Lande, so doch wenigstens in kleineren Städten realisierbar sein sollte. Überall dort, wo Melanchthon eine weitergehende Differenzierung antraf, ließ er sie durchaus bestehen. Insgesamt aber kam es ihm in erster Linie darauf an, ein Regelwerk zu schaffen, dessen Realisierung möglich war. Spätere Revisionen der Visitationsordnung wurden von Luther und Melanchthon ausdrücklich in Kauf genommen, denn Luther wußte sehr wohl: »Ordnung stellen und gestellte Ordnungen halten sind zwei Ding weit von einander.«[63]

Die Ergebnisse der Visitation waren unterschiedlich. In ihrer Mehrzahl galten die Pfarrer als tauglich. Jedoch fehlte es nicht an solchen, die schwach und ungebildet waren oder sich auf die neuen Anforderungen nicht mehr umstellen konnten. Diesen wurde dann ein neuer Amtsträger zur Seite gestellt, mit dem sie ihre Besoldung zu teilen hatten. Die Befunde zur Situation der Schule waren überwiegend düster.[64] Im Kurkreis, wo Luther selbst der Kommission angehörte, fand man das Schulsystem in einem schlechten Zustand. Wie im gesamten Bereich des Kurfürstentums so gab es auch hier nur außerordentlich wenige Dorfschulen. In Dörfern, wo es keinen Küster gab, fand

nur selten Unterricht statt. In Dubro, wo die Bevölkerung von den Leistungen ihres Küsters sehr angetan war, stellte sich heraus, daß dieser weder schreiben noch lesen konnte. Auch in den Städten war die Lage nicht immer besser. In Schweinitz mußten die Visitatoren erst die Gründung einer Schule anordnen. In der kurfürstlichen Residenz Torgau, die in die erste Visitation des Kurkreises einbezogen worden war, fand sich eine gelehrte Schule mit 170 Schülern, die Melanchthons Anforderungen entsprach. Dort bestand auch eine Mädchenschule. Im Gebiet um Altenburg trat bei der ersten Visitation die Schulfrage in den Hintergrund. Auf dem platten Lande gab es so gut wie keine Schulen. Burkhardt berichtet das Kuriosum, daß in der Ortschaft Gauern der Kirchner die Kinder unterrichtete und zugleich als Dorfhirte verpflichtet war. In Franken hingegen fanden die Visitatoren ein entwickeltes und funktionierendes Schulwesen. Hier konzentrierten sie sich darauf, die materielle Abhängigkeit der Schulmeister von den Pfarrern aufzuheben und eine direkte kommunale Besoldung der Lehrerschaft einzuführen. Im Bereich der Ämter Voigstberg, Plauen, Weiden und Ronneberg konnten die Visitatoren hingegen kaum befriedigende Schulverhältnisse antreffen. Nur in den Städten gab es Knabenschulen, in Weida außerdem eine Mädchenschule. Von Plauen ist überliefert, daß es eine vierklassige Lateinschule gab, an der zwei Lehrer beschäftigt waren. Aus diesen Beispielen der ersten flächendeckenden Visitationsperiode 1528/29 wird ersichtlich, daß die Einführung eines einheitlichen Mindeststandards in Schulfragen in der Tat eine dringende Aufgabe war.
Deutlich wird dabei auch, daß im 16. Jahrhundert zunächst die Neuorganisation der protestantischen *Lateinschulen* im Mittelpunkt des Regelungsinteresses von Städten und Fürsten steht. Daneben gab es deutsche Elementarschulen insbesondere in den Städten schon seit dem Mittelalter. Mit Luthers Forderung nach einem elementaren Religionsunterricht für alle wurde die Diskussion um eine allgemeine Bildung neu angestoßen. Katechismusunterricht hielt man im Rahmen einer angemessenen christlichen Unterweisung der heranwachsenden Generation für unerläßlich, dazu wiederum wurden elementare Kenntnisse im Schreiben und Lesen benötigt. Pfarrer, Küster oder Lehrer sollten einen solchen Unterricht in Kirche oder Schule erteilen. Natürlich war man von einer allgemeinen Schulpflicht noch weit entfernt, aber im Laufe der Zeit mußten sich die Gemeinden und der Staat im Hinblick auf die Gesamtorganisation des Bildungswesens auch dieser deutschen Schulen annehmen. Hier ist noch einmal daran zu erinnern, was bereits eingangs unter Gliederungspunkt *»2. Melanchthon an der Schwelle zur Schulreform«* ausgeführt wurde: Die Württembergische Schulordnung von 1559 enthielt als eine der ersten Anordnungen auch für die deutschen Schulen; die Pommersche Schulordnung von 1563 forderte, die deutsche Schule mit der lateinischen zu vereinigen; und in der Kursächsischen Schulordnung von 1580 erscheint die deutsche Schule als Notbehelf für jene Fälle, wo keine Lateinschule vorhanden ist.
Die Ideen dieser ersten kursächsischen Schulordnung von 1528 haben Wirksamkeit weit über Kursachsen hinaus entwickelt. Teils wörtliche Übereinstimmungen finden sich in den Lehrplänen der Schulen von Eisleben 1525, Herzberg 1538, Köln 1543,

Soest 1543, Mecklenburg 1552 und Kurpfalz 1556. Ihre Wirkung in Kursachsen wurde in den Wiederholungsvisitationen der dreißiger und vierziger Jahre deutlich. So ergab beispielsweise die dritte Visitation in Thüringen (1533), daß man inzwischen überall in den Städten wieder zu einem geordneten Schulbetrieb gefunden und auch einen beträchtlichen Teil der zuvor existierenden Mädchenschulen wieder errichtet hatte. Auf dem Land hingegen war die Situation nach wie vor schwierig: Im Visitationsbezirk Thüringen gab es in den insgesamt 738 Ortschaften nur 250 Kirchner, denen ja im allgemeinen die Durchführung des Unterrichts oblag.

Die Organisation des Schulwesens wurde nachhaltig befördert durch die Einführung von Zentralaufsichtsbehörden für Kirche und Schule, den Konsistorien: 1537 in Wittenberg, 1543 in Leipzig, 1545 in Meißen und Merseburg (bis 1550). Die Konsistorien wurden als kirchliche Oberbehörden für die Leitung der Kirchenverwaltung und die Wahrnehmung der geistlichen Gerichtsbarkeit geschaffen. Die Konsistorien übten die Aufsicht über die Universitäten (Leipzig, Wittenberg), die Fürstenschulen (Meißen, Pforta und später Grimma) und das Schulwesen aus.[65] Diese Kollegialbehörden bestanden vorwiegend aus Theologen und Juristen. Für Fragen der Schulaufsicht konnte ihnen ein Konsistorialassessor beigeordnet werden, wie dies im Meißener Konsistorium in der Person von Johannes Rivius (1545) geschah. Für Wittenberg schien dies kaum nötig, da Melanchthon an Ort und Stelle war. In Leipzig nahm Wolfgang Meurer, ein enger Freund des langjährigen Rektors der Nikolaischule und seit 1546 Rektor der Fürstenschule St. Afra zu Meißen, Georg Fabricius, neben Melanchthons Intimus Joachim Camerarius an den Visitationen teil. Dadurch wurde erreicht, daß sich zumindest in den Städten eine feste Ordnung etablierte, die zumeist auf der Melanchthonschen Ordnung von 1528 basierte. Diese ständige Visitation sicherte Melanchthons Einfluß auf das sächsische Schulwesen, der sich nach 1539 auch auf das albertinische Sachsen erstreckte.

Noch einmal kam es nun in der ersten Hälfte der vierziger Jahre zu einem Höhepunkt der Beschäftigung Melanchthons mit Fragen der Schulreform. Jetzt entstand die Rede *De restituendis scholis*[66] und damit ein letzter Versuch, die Fürsten als Träger des neuen Schulwesens zu gewinnen. Herzog Moritz hatte indessen andere Vorstellungen. Nun, in den vierziger Jahren, entstanden auch die großen Gutachten für die Städte Köln und Soest, während innerhalb Sachsens die weitere Konsolidierung und der Ausbau des Schulsystems betrieben wurde. Ein gutes Jahrzehnt nach Beginn der Visitationen stand die Notwendigkeit eines Schulsystems in Trägerschaft der Gemeinden nunmehr außer Frage. Auch die Idee, daß es Mädchenschulen in ausreichendem Maße geben solle, kann kein Aufsehen mehr erregt haben, denn Melanchthon konnte in seiner Schrift *De abusibus Ecclesiarum emendandis*[67] (1541) ohne Umschweife und lange Begründungen vorschlagen, die Nonnenklöster in Mädchenschulen umzuwandeln: *monasteria virginum converti in scholas puellarum*. Eine neue Entwicklung trat derweil im albertinischen Sachsen ein.

5. Melanchthons Einfluß auf die Fürstenschulen

Mit dem Regierungsantritt von Herzog Moritz (1541) kam es im albertinischen Sachsen zu durchgreifenden Reformen. Moritz hatte sich bereits zu Lebzeiten seines Vaters energisch gegen die Verteilung des ehemaligen Kirchenbesitzes an die Stände gewehrt. 1543 verankerte er mit der »Neuen Landesordnung« die Institution eines nicht kommunal, sondern staatlich finanzierten Schulwesens, das über eingezogene Kirchengüter finanziert wurde. In dieser Neuen Landesordnung war unter anderem die Gründung dreier Fürstenschulen - in Meißen, Pforta und Merseburg (für letzteres trat 1550 Grimma ein) - vorgesehen. Mit diesen Fürstenschulen wurde ein neuer Schultypus ins Leben gerufen. Einmal handelte es sich um Gelehrtenschulen, die hinsichtlich ihres Niveaus zwischen den bestehenden Lateinschulen und der Universität angesiedelt waren und den Universitätsbesuch teilweise ersetzen sollten. Zweitens hatten die Fürstenschulen den im besten Sinne elitären Auftrag, die »besten Köpfe zum Dienst des Landes in weltlichem und geistlichem Regiment zu ziehen«[68]. Insgesamt wurden an den drei Schulen 230 Freistellen geschaffen, von denen 54 vom Herzog besetzt wurden, 100 nach einem genauen Verteilerschlüssel durch die Städte und die restlichen 76 durch die Ritter, sofern ihre Steuerkraft ausreichte.[69] Außerdem wurden Pensionäre, also zahlende Schüler, zugelassen, die ein Schulgeld von 12 fl. (Meißner Gulden) jährlich zu entrichten hatten. Dieses war eine erhebliche Summe, wenn man bedenkt, daß das Gehalt des Kantors - der anfangs zugleich Quartus war - an den Fürstenschulen 50 fl. betrug. Die Fürstenschulen wurden einer strengen akademischen Aufsicht unterworfen, um ihre Ausbildungsqualität dauerhaft zu sichern. In der Regel fand eine solche Inspektion einmal jährlich statt, bis sie im Jahr 1700 »aus Kostengründen« eingestellt wurden. Zum ersten Inspektor der Fürstenschulen wurde Johannes Rivius ernannt. Seine Schüler Georg Fabricius (ab 1546) und Adam Sieber (ab 1550) waren Rektoren in Meißen und Grimma. In Pforta verlor Rivius bereits 1544 seinen Einfluß. Mit der Inspektion der Fürstenschulen wurden nun Professoren der theologischen und philosophischen Fakultät der Universitäten Leipzig und Wittenberg beauftragt. Melanchthon und Camerarius waren die häufigsten unter ihnen, was den Einfluß Melanchthons auch auf diesen Bereich des sächsischen Schulwesens deutlich macht. Seit 1544 visitierten überdies neben Camerarius auch Börner und Meurer, zwei Vertreter der Leipziger Universität, die Melanchthon persönlich sehr nahe standen. Später kam Caspar Peucer, der Schwiegersohn Melanchthons, hinzu.

Die Fürstenschulen nahmen als Institution bei aller sicherlich vorhandenen Eigenart eine Idee Melanchthons wieder auf, die bereits bei der Einrichtung der »Oberen Schule« in Nürnberg (1526) eine wesentliche Rolle gespielt hatte: Es sollte eine Schule geschaffen werden, welche die Grundlagen, welche die normalen Lateinschulen zu vermitteln in der Lage waren, voraussetzte und mit einem anspruchsvolleren Programm die gezielte Vorbereitung der Schüler auf ein Universitätsstudium betreiben konnte. Damit würde gleichzeitig die Universität von ihren propädeutischen Aufgaben entla-

stet werden, wodurch sich die Artistenfakultäten zu veritablen philosophischen Fakultäten entwickeln konnten. Ähnlich wie in Nürnberg wurden nun auch in Meißen, Pforta und Grimma die Lehrer weit besser als üblich bezahlt: 150 fl. für den Rektor, 100 fl. für die übrigen Lehrer und 50 fl. für den Kantor. Die Gehälter waren vergleichbar jenen, mit denen an den Universitäten durchschnittliche Professuren dotiert waren.
Disziplin und Lebensordnung an den Fürstenschulen konnten ihre klösterliche Herkunft nicht verleugnen. Das Leben war zum Teil sehr spartanisch, wenn man beispielsweise an die Wohnverhältnisse in den nicht beheizbaren ehemaligen Mönchszellen denkt. Andererseits erfuhren die Schüler eine beträchtliche materielle Absicherung: Kleidung und Schuhwerk wurden gestellt; zu den beiden Hauptmahlzeiten des Tages wurde täglich Fleisch gereicht.[70]
Hervorragendes Unterrichtsfach war Latein. Die Zahl der wöchentlichen Lehrstunden betrug insgesamt 28, ohne die zahlreichen musikalischen Übungen. Davon entfielen in der Prima allein 18 Stunden auf Latein, in den unteren Klassen waren es noch mehr. Ab der zweiten Klasse wurde außerdem Griechisch unterrichtet. Als grammatisches Lehrbuch diente die griechische Grammatik Melanchthons für die Formenlehre, für die Syntax die Grammatik des Fabricius. In Prima kamen in der Anfangszeit auch noch Übungen über die *Catechesis Melanchthonis* hinzu. Im Lateinischen fällt die außeror-

Fürstenschule Schulpforta Torhaus

dentlich breite Behandlung von Ciceros Briefen *ad familiares* ins Auge, die man als Muster für den Briefstil schlechthin ansah. Schwabe, der insgesamt der Person Philipp Melanchthons sehr kritisch gegenüber steht, will darin den Einfluß des Straßburger Johannes Sturms erkennen.[71] Dies verkennt jedoch die Wertschätzung, die Melanchthon selbst für den Autor Cicero und insbesondere für den Bildungswert der *epistulae familiares* hatte. Ihre explizite Erwähnung findet sich häufig in Schulordnungen, so bereits als Unterrichtsstoff für den »dritten Haufen« in der Kursächsischen Schulordnung von 1528 und später beispielsweise auch in der Wittenberger Kirchenordnung (1533). Man darf also hierin eher einen Einfluß Melanchthons auf Sturm und mittelbar auf Fabricius annehmen. In der Anfangszeit fehlt eine Erwähnung weiterer Schulfächer, so daß uns in den Fürstenschulen der Musterfall einer sprachlich orientierten Gelehrtenschule gegenübertritt. Gegen Ende des 16. Jahrhunderts war Mathematik in allen drei Fürstenschulen im Lehrplan fest verankert, doch die Dominanz des Lateinischen blieb so stark, daß sich die Fürstenschulen bei aller Wertschätzung ihrer Leistungsfähigkeit gelegentlich dem Vorwurf des »Lateinphilistertums« ausgesetzt sahen. Die Fürstenschulen konnten ihre einzigartige Stellung zwischen Lateinschule und Universität behaupten, bis im 19. Jahrhundert das Abitur als allgemeine Norm der Zugangsberechtigung zur Universität eingeführt wurde. Auch danach, als ihre formale Sonderstellung aufgehoben war, blieb ihnen der Nimbus des Elitären erhalten.

Philipp Melanchthon
Heinrich Aldegrever
Kupferstich
1540 (Lutherhalle Wittenberg)

Melanchthons Einfluß auf die Organisation des protestantischen Schulwesens läßt sich damit auf verschiedenen Ebenen feststellen:
Er war derjenige, der mit großer Beharrlichkeit als Gutachter und Politikberater die Neuordnung des Schulwesens als öffentliche Schule vor allem in kommunaler Trägerschaft über einen Zeitraum von etwa fünfunddreißig Jahren betrieb. Sein Interesse galt dabei zunächst der Etablierung eines schulischen Mindeststandards, später auch einer qualitativ hochstehenden Elitebildung im Rahmen der neu geschaffenen Fürstenschulen.
Er war dabei auch derjenige, der an der Grundlegung einer effizienten zentralen Schulaufsicht in Form der Konsistorien beteiligt war und selbst über lange Zeit an dieser Schulaufsicht mitwirkte.
Er war drittens derjenige, der mit beachtlichem didaktischen Talent und organisatorischem Geschick Maßnahmen zur Reform des Unterrichts in den Schulen durchsetzte, indem er auf einer Gliederung der Schülerschaft in zumindest drei Klassen bestand, für diese Klassen Lehrpläne und Stundentafeln entwarf und im Unterricht von ihm eigens entwickelte Lehrbücher zum Einsatz brachte.
Er war schließliche derjenige, der als akademischer Lehrer einen ganz bedeutenden Anteil daran hatte, daß die so konzipierten Schulen auch über entsprechend gebildete Lehrer verfügen konnten.

Bibliothek Melanchthonhaus Bretten (Landesbildstelle Baden)

Anmerkungen

1 Vgl. BALLAUFF, THEODOR: *Pädagogik. Eine Geschichte der Bildung und Erziehung*. Bd. 1 Freiburg i. Br. 1969. DOLCH, JOSEF: *Lehrplan des Abendlandes. Zweieinhalb Jahrtausende seiner Geschichte*. Ratingen 1965 (2.). MOOG, WILLY: *Geschichte der Pädagogik*. Bd. 2, neu hg. v. FRANZ-JOSEF HOLTKEMPER, Ratingen 1967. PAULSEN, FRIEDRICH: *Geschichte des gelehrten Unterrichts*, Bd. 1. Photomechanischer Nachdruck der 3., erw. Aufl., hg. v. R. Lehmann, Leipzig 1919, Berlin 1965.

2 Vgl. BLUMENBERG, HANS: *Die Legitimität der Neuzeit*. Frankfurt/M. 1966.

3 Vgl. SEIDLMAYER, MICHAEL: Weltbild und Kultur Deutschlands im Mittelalter. In: LEO JUST (Hg.): *Handbuch der Deutschen Geschichte, Bd. 1*. Darmstadt 1953.

4 »Ideologie« wird hier wertfrei im Sinne eines Systems von Überzeugungen verwendet.

5 So der Erlaß »Amonitio generalis« Karls des Großen aus dem Jahre 789: Lehrplaninhalt ist die Unterweisung in *psalmos, notas, cantus, computum et grammaticam*.

6 Vgl. die Darstellung des Quadriviums als sophistisches Lehrprogramm des Protagoras bei Plato, Protagoras 318 d–e; außerdem: BALLAUFF, THEODOR: *Pädagogik* (wie Anm. 1), S. 56–58.

7 QUINTILIANUS, MARCUS FABIUS: *Institutiones oratoriae libri XII*, hg. v. LUDWIG RADERMACHER, Leipzig 1959, I 10, 1–8.

8 Vgl. den Artikel »Devotio moderna« im Historischen Wörterbuch der Philsophie, hg. v. JOCHIM RITTER, Bd. 2, Darmstadt 1972, S. 159.

9 Bewertung nach Kindlers Literatur Lexikon, Bd. 4, S. 2433.

10 So MOOG, (wie Anm. 1), S. 78, während PAULSEN ihn in Zwolle verortet (wie Anm. 1., S. 165).

11 Inhaltlicher Überblick bei MOOG (wie Anm. 1, S. 78–81), Textauszüge bei BALLAUFF (wie Anm. 1, S. 564–569).

12 STURM, JOHANNES: *De litterarum ludis recte aperiendis*. In: VORMBAUM, REINHARD (Hg.): *Die Evangelischen Schulordnungen des 16. Jahrhunderts*. Gütersloh 1860, S. 653–677.

13 Vgl. LEDER, HANS-GÜNTER: Johannes Bugenhagen. In: MARTIN GRESCHAT (Hg.): *Gestalten der Kirchengeschichte Bd. 5, Reformationszeit I*. Stuttgart 1981, S. 233–246.

14 Vgl. HOLZBERG, NIKLAS: *Willibald Pirckheimer. Griechischer Humanismus in Deutschland*. München 1981.

15 ECKERT, WILLEHAD P. / V. IMHOFF, CHRISTOPH: *Willibald Pirckheimer*. Köln 1982 (2.), S. 37.

16 BÖHME, GÜNTHER: *Bildungsgeschichte des europäischen Humanismus*. Darmstadt 1986, S. 324.

17 Vgl. MAURER, WILHELM: *Der junge Melanchthon. Bd. 1: Der Humanist*. Göttingen 1967, S. 67; *Bd. 2: Der Theologe*. Göttingen 1969, S. 10.

18 Eine rasche inhaltliche Orientierung ermöglicht PAULSEN (wie Anm. 1), S. 99–103.

19 Vgl. BEYER, MICHAEL: Philipp Melanchthon und Leipzig 1518 – 1539. In: *Philipp Melanchthon und Leipzig. Beiträge und Katalog zur Ausstellung*. Leipzig 1997, S. 21–28, hier S. 25.

20 JUNGHANS, HELMAR: Georgius Agricola zwischen Papsttreuen, Humanisten und Evangelischen. In: *Herbergen der Christenheit. Jb. f. deutsche Kirchengeschichte*. Hg. v. G. Wartenberg. Bd. 19 (1995), S. 117–144.

21 Zuvor durch RIVIUS' Einfluß Tertius in Zwickau (1539–1543) und Rektor in Schneeberg (1543–1554).

22 Melanchthons Schriften werden im folgenden zitiert nach dem *Corpus Reformatorum, Opera quae supersunt omnia*, hg. v. KARL GOTTLIEB BRETTSCHNEIDER (1–15) und HEINRICH ERNST BINDSEIL (16–28), Halle/S. 1834 ff. (= CR); *Supplementa Melanchthonica*. 5 Bde. Leipzig 1910 ff. (=SuM); *Melanchthons Werke in Auswahl*, hg. v. ROBERT STUPPERICH. 7 Bd. Gütersloh 1951 ff. (=StA).

23 VORMBAUM, REINHOLD (Hg.): *Die Evangelischen Schulordnungen des 16. Jahrhunderts*. (wie Anm. 12), S. 233.

24 Vgl. die Verteidigung LUTHERs gegen H. EMSER (CR I, S. 286–358).

25 MAURER, (wie Anm. 17), Bd. 2, S. 205.

26 Vgl. BRECHT, MARTIN: *Martin Luther. Ordnung und Abgrenzung der Reformation 1521–1532*. Berlin 1989, S. 158 ff.

27 PAULSEN (wie Anm. 1), Bd. 1., S. 201.

28 Ob von einer bewußten Gründung gesprochen werden darf, ist zweifelhaft. Vielmehr scheint es sich um eine sukzessive Aufnahme von Pensionären gehandelt zu haben, die von Melanchthon über seine Gastvaterpflichten hinaus als Gruppe in eine schulische Obhut genommen wurden. MAURER (wie Anm. 17, Bd. 2, S. 97) datiert den Beginn der *schola* bereits auf 1519.

29 Vgl. HARTFELDER, KARL: *Philipp Melanchthon als Praeceptor Germaniae.* Berlin 1889, S. 491 ff.

30 StA (wie Anm. 22) Bd. I, S. 171–175.

31 CR (wie Anm. 22) XX, S. 391

32 CR XX, S. 181

33 Vgl. zum folgenden die Darstellung bei STEMPEL, HERMANN-ADOLF: *Melanchthons pädagogisches Wirken.* Bielefeld 1979, S. 44 ff.

34 Vgl. SCHWABE, ERNST: *Das Gelehrtenschulwesen Kursachsens.* Leipzig 1914, S. 35.

35 Vgl. HARTFELDER (wie Anm. 29), S. 494f.

36 Vgl. CR (wie Anm. 22) II, S. 881.

37 CR XX, S. 3–192.

38 *Elementa puerilia. Huldr. Zwinglii ratio formandae iuventutis.* CR. XX, S. 391–412.

39 CR XX, S. 193–336.

40 Die Grammatik des RIVIUS kam nur vorübergehend zum Zuge, als die Niederlage der Philippisten im Kryptocalvinismusstreit 1574 eintrat. Sie mußte jedoch bald wieder der MELANCHTHONs weichen.

41 Unter Parochialschulen sind Schulen in der Trägerschaft einer Kirchengemeinde (Pfarrschulen) im Unterschied zu Kloster-, Stifts- und Domschulen zu verstehen.

42 Die genaue Datierung der Schulgründung ist in der Literatur strittig: PAULSEN und MOOG (wie Anm. 1) datieren auf 1524, HARTFELDER (wie Anm. 29) datiert unter Angabe konkreter Reisedaten auf Mai 1525, einen Monat nach der Eisleber Gründung.

43 StA III, 63–69.

44 Während in den offiziellen Dokumenten des Rates von »Schulmeistern« oder von »Pädagogen« gesprochen wurde. Vgl. HARTFELDER (wie Anm. 29), S. 503.

45 So PAULSEN (wie Anm. 1), S. 278.

46 CAMERARIUS und HESSUS je 150 fl, die beiden anderen je 100 fl. Angaben nach PAULSEN (wie Anm. 1), S. 278.

47 »... nec ad respublicas gubernandas quisquam satis idoneus est sine scientia earum litterarum, quibus ratio omnis regendarum civitatum continetur.« (StA III, S. 69).

48 Vgl. dazu BURKAHRDT, C.A.H.: *Geschichte der sächsischen Kirchen- und Schulvisitation von 1524 bis 1545.* Leipzig 1879. HERRMANN, RUDOLF: Die Kirchenvisitation im Ernestinischen Thüringen vor 1528. In: *Beiträge zur thüringischen Kirchengeschichte I*, Gotha 1929–1931, S. 167–179.

49 MÜLLER, ERNST: Zur Neuordnung des Kirchenwesens im Kurfürstentum Sachsen um 1525. In: *Jahrbuch für Regionalgeschichte 11.* Weimar 1984, S. 174–186.

50 So MARTIN BRECHT: *Martin Luther. Ordnung und Abrgrenzung der Reformation 1521–1532.* Berlin 1989, S. 254 f.

51 StA I Nr. XIV, S. 215–271.

52 *Articuli de quibus egerunt per visitatores in regione Saxoniae,* CR XXVI, S. 7–28

53 StA I, S. 265, Orthographie der heutigen Schreibweise angepaßt.

54 StA I, S. 266.

55 StA I, S. 267.

56 Der Donat: Gemeint ist die *ars minor* des Donatus, eine im Mittelalter beliebte lateinische Elementargrammatik.

57 Dicta Catonis, 4 Bücher, eine im Mittelalter verbreitete Sammlung lateinischer Spruchweisheiten.

58 Vgl. StA I, S. 267.

[59] StA I, S. 269.

[60] Vgl. AEBLI, HANS: *Denken. Das Ordnen des Tuns.* 2 Bde. Stuttgart 1981 f.

[61] Vgl. das bekannte Artikulationsschema des Unterrichtsprozesses bei JOHANN FRIEDRICH HERBART (1776–1841), dessen letzte Stufe (Methode) dem Doppelaspekt von methodischer Reflexion auf das Erreichte und Reflexion der dabei benutzten oder gewonnenen Methoden vorbehalten ist.

[62] Vgl. StA I, S. 271.

[63] Zitiert nach BRECHT (wie Anm. 26), S. 260.

[64] Das Folgende nach C.A.H. BURKHARDT (wie Anm. 48).

[65] Vgl. NAUMANN, GÜNTER: *Sächsische Geschichte in Daten.* München 1994, S. 101 f.

[66] StA III, 105–114.

[67] CR IV S. 530

[68] PAULSEN (wie Anm. 1), S. 298.

[69] SCHWABE (wie Anm. 34), S. 70.

[70] Weitere Angaben bei PAULSEN (wie Anm. 1), S. 298 ff ., und FLATHE, THOMAS: *Sanct Afra. Geschichte der Fürstenschule zu Meißen.* Leipzig 1879; ROESSLER, KARL: *Geschichte der Fürstenschule zu Grimma,* Leipzig 1891.

[71] SCHWABE (wie Anm. 34), S. 84.

Siegfried Bräuer

Die Gründung der »christlichen Schule« zu Eisleben 1525

»Kinderzucht fellet dahin ... Alle sprachen werden undergehen/ und werden die leut wider zu bestien werden«. Das düstere Zeitgemälde findet sich in Johann Agricolas Sprichwörterkommentar, in der Fortsetzung von 1529. Er hat dabei keineswegs die spätmittelalterlichen Verhältnisse vor Augen, sondern die der reformatorischen Zeit. Noch ein Jahrzehnt gibt er Frist, dann würden die von den Humanisten bekämpften und inzwischen abgeschafften barbarischen lateinischen Lehrbücher wieder Einzug halten. Schuld daran sei der Hang der gelehrten Jugend zum Brotstudium, »das ist/ zu dem geytze«. Sie würden Ärzte und Juristen, aber keiner wolle einem »knaben ... die Grammatica leren«.[1] Die in Eisleben niedergeschriebenen Zeilen unterstreichen zunächst die Lebensnotwendigkeit gediegener Sprachausbildung und der soliden Lateinschule insgesamt für Kultur, Staat und Kirche. Wie die ähnlich lautenden Partien in Luthers Sendbrief »An die Ratsherren aller Städte deutsches Lands, daß sie christliche Schulen aufrichten und halten sollen« sind sie als Mahnung zu verstehen, nicht als exakte Beschreibung der Situation.[2] Der Zug zur praxisbezogenen Ausbildung war zumindest den Kaufleuten bereits im Spätmittelalter vertraut.[3] Die aus der zeitgenössischen Polemik sattsam bekannte beklagenswerte Situation der schulischen Bildung wird allerdings in jüngster Zeit durch die Forschung differenzierter beurteilt.[4] Vermutlich lag die Lesefähigkeit der städtischen Gesellschaft viel höher, als noch vor einigen Jahren angenommen wurde.[5]

I

Über die Situation der Bildung in Eisleben vor 1525 schweigen die Quellen. Das Argument, es könne damit nicht allzu weit hergewesen sein, weil Agricola und Luther dann nicht ihre Ausbildung in der Fremde erhalten hätten, greift daneben.[6] Der Besuch auswärtiger Schulen war nicht ungewöhnlich und läßt im allgemeinen keine Rückschlüsse auf die heimatlichen Bildungsmöglichkeiten zu.

In dem nur handschriftlich überlieferten »Versuch einer Historischen Beschreibung von Eisleben« des Eusebius Christian Francke aus dem Jahr 1726 ist die knappe Notiz zu finden: »Vor Alters hat man in jedem Kirchspiel zu Eisleben besondere Schulen gehabt«.[7] Sicher bezieht sich diese Angabe nur auf die drei Kirchen in der Altstadt,

St. Andreas, St. Nicolai, St. Peter und Paul. Die Neustadtkirche St. Annen wurde erst 1516 als Kirche des neuen Augustiner Chorherrenklosters geweiht. Von der Einrichtung einer Klosterschule ist nichts bekannt.[8]
Die Existenz der Pfarrschule von St. Peter und Paul wird durch den Konflikt zwischen dem Pfarrer Magister Johann Toyge und den Vorstehern der Fronleichnamsbruderschaft, Hans Müller und Leonhard Schule, im Jahre 1512 bestätigt. Der Pfarrer mißbrauchte die kirchlichen Riten ungehemmt zu seinem Vorteil und ging auch sonst allzu großzügig mit den Finanzen seiner Kirche um. Von den Bruderschaftsvorstehern

*Johann Agricola
Eine christliche
Kinderzucht in Gottes
Wort und Lehre aus der
Schule zu Eisleben
Wittenberg 1527
(Marienbibliothek Halle)*

wurde er deshalb beim bischöflichen Offizial in Halberstadt verklagt. In der langen Liste der Klagepunkte führten sie auch eine Feier des Dorotheentages (6. Februar) mit eigenwilliger liturgischer Gestaltung auf. Neben einem liturgischen Tanz in der Kirche gehörte eine Prozession des Schulmeisters mit den Schülern am Nachmittag dazu.[9]
Von der Pfarrschule zu St. Nicolai hat Spangenberg sogar den Namen eines Schulmeisters überliefert. In seinen Angaben zwischen 1510 und 1518 berichtet er, der Pfarrer Blasius Weida sei nicht fähig gewesen zu predigen. Die Bruderschaft St. Urban habe deshalb »Magistrum Joannem Neumann, den Schulmeister zu St. Niclas, vermocht, daß er für ihn geprediget«. Neumann habe noch 1525 gelebt.[10] Der Magistergrad des Rektors, erst recht seine Fähigkeit, als Prädikant zu wirken, dürfte auch einiges über die Qualität der von ihm geleiteten Schule aussagen.
Zur Pfarrschule von St. Andreas gibt Spangenberg an, zur Zeit des Papsttums seien »die Knaben mehr mit unnötigem Singen, denn mit ander notwendiger Lehr unterrichtet« worden. Darauf nennt er zwei Rektoren: »Melchior Fendius, so hernach Doctor medicinae und Professor ejusdem facultatis zu Wittenberg worden. Nach demselben Georgius Rhauus, so hernach ein berühmter Druckerherr zu Wittenberg gewesen«.[11] Fends pädagogische Tätigkeit in Eisleben ist bislang völlig unbeachtet geblieben. Sie läßt sich auch zeitlich nicht genau bestimmen. Der 1486 geborene Nördlinger ließ sich im Sommersemester 1506 zum Studium an der Leipziger Universität einschreiben. Erst 1513 erwarb er hier den Grad eines baccalaureus artium. Unmittelbar darauf wurde er an der Wittenberger Universität immatrikuliert, wo er am 14. Februar 1519 das Magisterexamen ablegte. 1518 ist er ebenfalls in Wittenberg nachweisbar. Erst 1523 wurde er Mitglied der philosophischen Fakultät. Später wandte er sich der Medizin zu. Er erhielt schließlich die dritte Wittenberger medizinische Professur und starb 1564.[12] Spangenbergs vage Angaben lassen in Verbindung mit den Daten aus der wissenschaftlichen Laufbahn den Schluß zu, daß es sich bei Fends Aufenthalt in Eisleben nur um ein pädagogisches Intermezzo gehandelt haben kann. Von 1520 an war Georg Rhau Schulmeister in Eisleben. Er übernahm jedoch nach verhältnismäßig kurzer Zeit die Stelle eines Schulrektors in Hildburghausen. Vermutlich begab er sich um 1523 nach Wittenberg, wo er bis zu seinem Tod als einer der maßgeblichen Drucker und Verleger tätig war. Seine Universitätsausbildung begann er 1508 in Erfurt. 1512 setzte er sie in Wittenberg fort. 1514 wurde er baccalaureus artium, 1518 Assessor der Leipziger philosophischen Fakultät und Thomasschulkantor. Bei der Leipziger Disputation Luthers 1519 führte er eine zwölfstimmige Messe auf, vielleicht eine eigene Komposition.[13] Rhau gab also ebenfalls nur eine Gastrolle in Eisleben. Das entsprach durchaus den Gepflogenheiten der Zeit, denn das Schulmeisteramt zählte damals zu den sogenannten Plattformberufen als Ausgangs- oder Durchgangsstufe zu einer dauerhaften Tätigkeit im Rats- oder Kirchendienst oder im Universitätslehramt.[14] Es existieren nur wenige Spuren von den Pfarrschulen in Eisleben. Sie reichen aber aus, um das verbreitete Bild zurechtzurücken. Eislebens Schulgeschichte setzt nicht erst 1525 mit der Gründung der »christlichen Schule« ein. Spangenbergs Kritik am »unnötigen

Singen«, an den liturgischen Verpflichtungen, setzt genauso wie die am Mangel »notwendiger Lehr« den reformatorischen Standpunkt voraus. Über die Qualität des vorreformatorischen Schulwesens in Eisleben besagt sie weniger. Offenbar haben weder die Grafen, noch der städtische Rat vor 1525 versucht, maßgeblich auf die Pfarrschulen Einfluß zu nehmen. Dem allgemeinen Trend zur Kommunalisierung der städtischen Schulen in vorreformatorischer Zeit hätten solche Bestrebungen durchaus entsprochen.[15] Vielleicht haben die Pfarrschulen in Eisleben den damaligen Anforderungen einigermaßen genügt. Allzu niedrig dürften diese nicht anzusetzen sein, war Eisleben doch das Zentrum der Mansfelder Montanindustrie und somit auch an ein Netz weitverzweigter Handelsverbindungen angeschlossen.[16]

II

Durch eine briefliche Äußerung Luthers erfahren wir zuerst, daß der Anstoß zur Schulgründung von Graf Albrecht IV. von Mansfeld ausging.[17] Im Januar 1525 schickte der Graf seinen Kanzler Kaspar Müller nach Wittenberg, um Luthers Rat zu zwei aktuellen Fragen einzuholen. Zunächst ging es um den Empfang des Abendmahls in beider-

Liber continens continua series epistolas ...
Vorderdeckel mit Lutherbildnis als Plattstempel
Leipzig 1569
(Marienbibliothek Halle)

lei Gestalt. Albrecht selbst schwankte noch in dieser Frage, aber seine Frau hatte sich mit ihren Hofdamen das Sakrament in der reformatorischen Form durch den Hofprediger Michael Stiefel in der Schloßkapelle reichen lassen. Albrechts altgläubige Vettern der Vorderortlinie erhoben Einspruch und drohten mit einer Beschwerde beim Kaiser. Graf Albrecht sah in diesem Konflikt vor allem eine schwerwiegende Glaubens- und Gewissensfrage. Luthers Rat orientierte sich an seiner Auffassung von den zwei Regimenten. Er empfahl Graf Albrecht, für seine persönliche Glaubenspraxis auf die Schloßkapelle zu verzichten. Für die Mansfelder Stadtkirche habe er dagegen landesherrliche Verantwortung wahrzunehmen. Hier habe er seinen Untertanen Schutz zu gewähren und gegebenenfalls dafür zu leiden.[18] Kürzer äußerte sich Luther zu der Frage, ob es erlaubt sei, wegen der strittigen Glaubensfragen mit gleichgesinnten Obrigkeiten ein Defensivbündnis zu schließen. Er meinte, solche Bündnisse seien nicht grundsätzlich verboten, aber der Aufruhrverdacht müsse vermieden werden. Fester Glaube und Gebet seien auch ein starker Schutz.[19] Luthers Brief vom 11. Januar 1525 mit den beiden Antworten an Graf Albrecht enthält keinen Hinweis, daß außerdem noch andere Probleme mit Kanzler Müller besprochen worden sind. Auszuschließen ist diese Möglichkeit nicht. Eine Sondierung in der Schulfrage lag angesichts der komplizierten Rechtslage in der Grafschaft nahe. Luther hatte bereits vor Jahresfrist das

Liber continens continua series epistolas ...
Rückdeckel mit Melanchthonbildnis als Plattstempel
Leipzig 1569
(Marienbibliothek Halle)

Schulthema mit dem erwähnten Sendbrief an die Ratsherren auf die Tagesordnung gesetzt. Tendenzen einer Geringschätzung der wissenschaftlichen Ausbildung im Einflußbereich Karlstadts und darüber hinaus verstärkten den Druck. Entscheidend für Luthers Interesse an einer qualifizierten Schulbildung, vor allem an einer gediegenen sprachlichen Ausbildung, war aber seine Auffassung von der Klarheit in der Erkenntnis des Wortes Gottes und der Glaubensgewißheit. Da Gottes Geist das Evangelium der christlichen Gemeinde in Gestalt des griechischen Neuen Testaments gegeben habe, sei für die verantwortlichen Interpreten die Klarheit der Botschaft am besten zu gewinnen, wenn sie über ein solides Wissen von den Begriffen und der Grammatik dieser biblischen Sprache verfügen. Ähnlich verhält es sich mit der Kenntnis des Hebräischen, um den klaren Sinn der Schriften des Alten Testaments, insbesondere der Psalmen, zu erfassen.

So sind in Luthers Verständnis die biblischen Sprachen die Einfassung für das Evangelium, »die Scheiden, darin dies messer des geistes steckt, ... der Schrein, darin man dieses Kleinod trägt«. Deshalb betont er »Nutz und Not der Sprachen und christlichen Schulen für das geistliche Wesen und zur Seelen Heil« in seinem Sendbrief an die Ratsherren.[20]

In dieser Herausforderung vor allem dürfte der Grund zu suchen sein, weshalb sich Luther am 16. April 1525 selbst auf den Weg zu seinem Geburtsort begab und weshalb ihn Melanchthon und Agricola begleiteten. Über Melanchthons Rolle bei dieser exemplarischen Unternehmung ist nichts bekannt. Seine tatsächliche Beteiligung ist nur bis zur ersten Station in Bitterfeld belegt.[21] Die Reise nahm einen völlig anderen Verlauf, als ursprünglich vorgesehen, denn der von Hessen auf Thüringen übergreifende Bauernaufstand setzte neue Prioritäten. In Eisleben ist Luther vermutlich spätestens am 18. April 1525 eingetroffen, aber erst am 20. April nachweisbar. An diesem Tag soll er im Garten des Kanzlers Johann Thür mit der Niederschrift seiner »Ermahnung zum Frieden auf die 12 Artikel der Bauernschaft in Schwaben« begonnen haben.[22] Noch am gleichen Tag begab er sich nach Stolberg und predigte dort am darauffolgenden Tag. Vermutlich kehrte er wieder nach Eisleben zurück. Dort könnte er sich bis zum Morgen des 1. Mai aufgehalten haben. Von da an war er erneut wegen des Aufstandes unterwegs. Eventuell berührte er Eisleben noch einmal kurz auf der Rückreise. Erst am 6. Mai abends, einen Tag nach dem Tod Friedrichs des Weisen, war er wieder in Wittenberg.[23] Über die Schulverhandlungen in Eisleben während dieser Tage wissen wir nichts. Gespräche zu den rechtlichen, finanziellen, personellen und wohl auch pädagogischen Vorklärungen für die neue Schule werden möglich gewesen sein. Im Mittelpunkt des Interesses stand aber die zunehmende Aufruhrgefahr. Agricola hatte mehrfach Unterredungen mit dem Ratsherrn und Hüttenmeister Christoph Meinhardt, der schon im Herbst 1523 in engem seelsorgerlichen Kontakt zu Müntzer in Allstedt stand und sich Müntzers Einfluß immer noch nicht entzogen hatte. Nach eigenen Angaben diskutierte Agricola am 23. und 24. April auch mit anderen profilierten Müntzeranhängern in Eisleben.[24] Der Aufruhr rückte der Grafschaft von Tag zu Tag näher. Als am 29. April in Querfurt Abwehrmaßnahmen mit den albertinischen Räten und Amtleuten beraten werden sollten, ließen sich die Mansfelder Grafen durch ihren Bevollmächtigten Rudolf von Watzdorf vertreten. Graf Gebhard war bei Kardinal Albrecht. Graf Albrecht ließ mitteilen, er sei in Eisleben unabkömmlich wegen der Aufruhrstimmung unter den Bergleuten. Die Vorderortgrafen konnten ebenfalls nicht persönlich erscheinen, weil sie bei ihrem schwer erkrankten Bruder Hoyer auf Schloß Mansfeld bleiben wollten.[25]

Offenbar konnten die Schulvorbereitungen in der angespannten Situation nicht zu einem befriedigenden Ende geführt werden. Die Einladung der drei leitenden gräflichen Beamten, Kaspar Müller, Johann Rühel und Johann Thür, zu Luthers Hochzeit am 27. Juni 1525 erbrachte auch nicht die entsprechenden Möglichkeiten. Agricola war zu dieser Zeit außerdem ortsabwesend. In Luthers Auftrag beriet er den Stadtrat von Frankfurt a. M. bei der Neuordnung des Gottesdienstes.[26] Kurz nach seiner Rückkehr begab er sich am 19. Juli noch einmal zu Graf Albrecht von Mansfeld. Diesmal begleitete ihn Justus Jonas, der bereits des längeren in Eisleben bekannt war.[27] Allgemein wird angenommen, daß nunmehr die letzten Regelungen für die Eröffnung der Schule getroffen wurden.

Johann Agricola
nach einem Kupferstich von Balthasar Jenichen
1565

III

Bereits Anfang August 1525 zog Agricola mit seiner Familie nach Eisleben um. Später hat er als persönlichen Grund für den Wechsel angegeben, er habe sich aus der Öffentlichkeit in die Abgeschiedenheit zurückgezogen, um sich gründlicher mit den Sprachen zu beschäftigen und seine Kinder in Gottesfurcht und Ehrbarkeit aufzuziehen. Das ist aber mehr als zeitübliche humanistische Stilisierung zu verstehen. Sein Jahresgehalt von 120 Gulden, mit dem zugleich eine nebenamtliche Predigttätigkeit an der Nicolaikirche entgolten wurde, war nach den damaligen Sätzen gut bemessen.[28] Wie unter Gelehrten üblich, sparte Melanchthon nicht mit seinem Zuspruch für den Beginn. Er stellte Agricola die Vorteile seiner Entscheidung vor Augen. Mit einem Zitat aus Homers Odyssee gewürzt, wies er ihn darauf hin, daß er nun in seiner Heimat lebe und größeren Nutzen erbringe mit der Unterweisung von Knaben, als durch Predigten, die den wetterwendischen Reaktionen des Volkes ausgesetzt seien. Kurz darauf sandte er noch ein Begrüßungsgedicht von 11 Distichen zur Eröffnung der Schule nach Eisleben und wünschte Agricola Christi Beistand sowie Förderung des verheißungsvollen Beginns.[29]

Auf die weitere Unterstützung durch die Wittenberger Reformatoren blieb Agricola schon zur Zeit der hoffnungsvollen Anfänge angewiesen. Beide pädagogischen Mitar-

beiter, die mit ihm das Werk begonnen hatten, fielen bald wieder aus. Zuerst traf es Franz Burkhard. Der ca. 1503/1505 geborene Weimarer Bürgersohn hatte sein Studium 1520 in Wittenberg begonnen und am 4. Februar 1524 das Magisterexamen bestanden. Er gehörte zu Melanchthons engen Schülerkreis.[30] Am 24. August 1525 wußte Melanchthon noch nicht, ob Burkhard bereits in Eisleben eingetroffen war. Schon Mitte Oktober hielt sich dieser in Halle auf, weil er krank geworden war. Agricola teilte er zwar am 20. Oktober die Besserung seines Gesundheitszustandes mit, die Frage der Rückkehr ließ er jedoch noch etwas offen. Melanchthon ahnte oder wußte schon Genaueres. Er hatte sicherheitshalber mit Agricola wegen eines Ersatzes Fühlung aufgenommen und war mit seinem Vorschlag auf Zustimmung gestoßen. Burkhard kehrte dann auch nach Wittenberg zurück und übernahm noch im Wintersemester 1525/26 eine Professur für Griechisch. Bekannt geworden ist er vor allem durch seine Funktion als kurfürstlicher Vizekanzler von 1535 an.[31]

Seite 88 und unten: Johann Walther
Wittenbergisch deutsch Geistlich Gesangbüch=lein. Mit vier und fünff stimmen ... auffs neue mit vleis corrigirt / und mit vielen schönen Liedern gebessert und gemehret
Wittenberg, durch Georgen Rhawen, Unsigniert, Cranach-Nachfolge (Zwei Ausgaben)
(Marienbibliothek Halle)

Schnelle Hilfe aus Wittenberg war tatsächlich vonnöten, denn im Oktober kehrte auch Hermann Tulich an die Wittenberger Universität zurück. Mit Agricola gemeinsam hatte er das Plakat mit dem Schulprogramm für Eisleben autorisiert. Der 1486 in Steinheim geborene Westfale hatte sein Studium 1508 in Wittenberg begonnen. Nachdem er 1511 das Baccalaureat erworben hatte, wechselte er nach Leipzig. Einige Zeit war er als Korrektor bei dem Leipziger Drucker Melchior Lotter tätig. Mit Lotter siedelte er nach Wittenberg über. Am 9. Februar promovierte er zum Magister. Von 1522 an lehrte er an der philosophischen Fakultät. Seine finanzielle Sicherstellung zerschlug sich vorerst, weil er die mit der Stiftsherrenpfründe verbundene Ordination ablehnte. Im Juni 1525 bemühte sich Caspar Cruciger vergeblich, ihn als Mitarbeiter für die von ihm geleitete neue Lateinschule in Magdeburg zu gewinnen.[32] Einen Monat später entschied sich Tulich, gemeinsam mit Agricola, die »christliche Schule« in Eisleben in Gang zu bringen. Wie erwähnt, war er im Oktober wieder in Wittenberg und wurde als Rektor der Universität für das Wintersemester 1525/26 gewählt, das am 18. Oktober begann. 1532 übernahm er bis zu seinem Tod 1540 die Leitung der Lateinschule in Lüneburg.

Immer wieder begegnet man in der Literatur über Agricola und über die Schule in Eisleben der Behauptung, die gleichrangige Anstellung Tulichs und des sechs oder acht Jahre jüngeren Agricola sei ein Mißgriff gewesen. Tulich sei nach Wittenberg zurückgekehrt, »vermutlich um längerem Hader aus dem Wege zu gehen«.[33] Wirkliche Anhaltspunkte gibt es für diese Vermutung nicht. In Wittenberg erwog man im Dezember 1525, auch Agricola für eine neuzuschaffende theologische Professur vorzuschlagen. Melanchthon rechnete ebenfalls damit, daß der Freund eventuell später an die Universität zurückkehren werde.[34] Für die angeblichen Spannungen zwischen Agricola und Tulich wird gern auf eine Bemerkung Melanchthons hingewiesen. Er hatte an Agricola geschrieben, wenigen liege es, zur Knabenunterweisung zurückzukehren. Allzuleicht wird bei der Deutung dieser Bemerkung der Zusammenhang übersehen. Melanchthon will verdeutlichen, daß Tulich durch den für Ende Oktober angekündigten Syrus gut ersetzt wird. Dieser beherrschte die griechische Sprache und könne Verse schreiben. Luther bestätigt die Wahl des Nachfolgers für Tulich ebenfalls. Durch ihn wissen wir, daß außer Syrus noch ein Davus als Lehrer nach Eisleben gesandt wurde. An Graf Albrecht schrieb er ebenfalls und empfahl die Anstellung der beiden neuen Pädagogen.[35]

Syrus und Davus sind zwei bekannte Lustspielfiguren bei Terenz, auf die Luther und Melanchthon anspielen. Spangenberg hat hinsichtlich Syrus das Geheimnis gelüftet. Den aus Hessen stammenden Magister Justus Rucker habe man »Magistrum Syrum« genannt, weil er »einsmals des Syri personae in Terentio so artlich geführet«. Er habe später die Schule in Eisleben als Rektor geleitet. Danach sei er Pfarrer zu St. Nicolai und von 1553 an Pfarrer zu St. Moritz in Halle gewesen.[36] 1554 ist er gestorben. Über sein Verhältnis zu Agricola während der gemeinsamen Tätigkeit in Eisleben gibt es keine Nachrichten. Immerhin hat ihn Agricola im antinomistischen Streit als Zeugen für seine Rechtgläubigkeit benannt.[37]

Philipp Melanchthon Catechesis puerilis Wittenberg 1543 (Marienbibliothek Halle)

IV

Schweigen die Quellen auch über die Wirkungen der Schulgründung in Eisleben, so kennen wir immerhin das pädagogische Programm, mit dem Agricola und Tulich ihre Stellen antraten. Vermutlich brachten beide nach Agricolas Rückkehr aus Eisleben einen Lehrplan zu Papier und ließen ihn Ende Juni als lateinischen Plakatdruck in einer Wittenberger Offizin herstellen. Der neulateinische Dichter Euricius Cordus, seit 1523 Arzt in Braunschweig, hielt sich zu dieser Zeit in Wittenberg auf, um zwei große reformatorische Versepen drucken zu lassen. Er gab dem Schulprogramm fünf Distichen mit auf den Weg, in denen er auf den noch nicht beendeten Bauernkrieg Bezug nimmt und Graf Albrecht als neuen Mäcenas und Augustus preist.[38]

In einer ausführlichen Einleitung autorisieren die beiden Pädagogen, die sich als Professoren bezeichnen, zunächst ihre Schule durch den Hinweis auf einen entsprechenden Beschluß der Mansfelder Grafen. Vermutlich sind damit nur die Brüder Albrecht (Mansfeld-Hinterort) und Gebhard (Mansfeld-Mittelort) gemeint. Nur sie hatten sich zu dieser Zeit der Reformation zugewandt. Als Erziehungsziele werden angegeben: Anleitung und Einübung in den Glauben (religio) und in die allgemeinen Verhaltensweisen (virtutes) sowie Kenntnisse in den Wissenschaften (artes). Diesen Erziehungszielen entspricht ein doppeltes Anwendungsziel, Sicherung bzw. Weiterführung des Glaubens und des Staatswesens. Für den Aufruhr und die Unsicherheit werden die mangelhaft Ausgebildeten und Verächter der Wissenschaften verantwortlich gemacht. Ihnen wird vorgeworfen, daß sie zudem noch Mißbrauch mit der Religion trieben. Solche Auswüchse zu verhindern, sei demnach auch Aufgabe einer soliden Ausbildung. Darüber hinaus leite die Schulbildung, für die sich die Landesherren so verdienstvoll einsetzten, zur Lebenstüchtigkeit und zur Pflege guter Sitten an. Für die Ausbildung der Schüler sei wichtig, daß ihnen ein gewisses System in Gestalt einer festgelegten Reihenfolge von Lektionen auferlegt wird. Eine Klasseneinteilung biete der noch ungefestigten Jugend außerdem eine Art sicheres Gehege an, in dem sie die Sprossenleiter der Schwierigkeiten erklimmen könnte. So würden Flugversuche ohne Flügel vermieden. Nur diejenigen, die der Last gewachsen seien, sollten in die nächsthöhere Klasse gelangen.

Die Anfänger kommen in die erste Klasse. Sie sollten zunächst anhand der gebräuchlichen einfachen Lehrbücher, die nur Gebete und Spruchweisheit enthalten, lesen lernen. Danach finden die Paedologia des Leipziger Humanisten Petrus Mosellan (ein verbreitetes lateinisches Übungsbuch), Aesops Fabeln, die Sammlung von versifizierter Spruchweisheit, die man Cato zuordnete sowie die Spruchsammlung des Laberius Verwendung.[39] Die Schüler lernen den vom Lehrer erklärten Stoff auswendig und wenden die Vokabeln daraus bei ihren lateinischen Sprechübungen an.

Die Schüler der zweiten Klasse haben vor allem die Regeln der lateinischen Grammatik zu lernen. Andere Formen, sich in der Grammatik kundig zu machen, werden abgelehnt. Die Regeln sollen bei der Lektüre der Lustspiele des Terenz und der Bucolica des Vergil angewendet werden.[40] Die behandelten Partien aus den Werken beider Dichter sind auswendig zu lernen. Eine Lektüre von Hirtendichtungen (Bucolica) zeitgenössischer Humanisten wird ebenfalls für möglich gehalten. Zum Zwecke lateinischer Stilübungen verfassen die Schüler nach vorgegebenen Themen in Prosa und Versen elegante Reden, kurze Erzählungen, Briefe und kleine Gedichte. Das Lernpensum gilt für die Schule wie für zu Hause. Erst nach gründlicher Vertrautheit mit der Grammatik stehen in der dritten Klasse Dialektik und Rhetorik auf dem Plan. Als Lehrbuch wird die anspruchsvolle Stilanleitung des Erasmus, »De duplici copia verborum ac rerum«, genannt. Zur Einführung in die Geschichte dient die Lektüre der besten Bücher von Livius und Sallust. Von den klassischen Dichtern, mit denen sich die Schüler nunmehr zu beschäftigen haben, werden erwähnt: Vergil, Horaz, Ovids Metamorphosen und »de Ponto et Tristium«. Von Ciceros Reden sollen nur die leichteren behandelt werden, etwa die Verteidigungsrede für den Dichter Archias, die ein Lob auf Kunst und Wissenschaft enthielt, oder die für den verbannten Konsul Marcellus, außerdem die Abhandlungen über die Pflichten, über die Freundschaft und über das Greisenalter. Weiterhin sollen eigene Stilübungen in Prosa und Versen verfaßt und an zwei Wochentagen besprochen werden. Daneben werden gelesen und erklärt: Plautus, Ciceros Briefsammlung, die »Anleitung zum Briefschreiben« des Erasmus, Mosellans lateinische Übersetzung des griechischen Rhetors Aphthonius.

Die Fortgeschrittenen aus der dritten Klasse werden dann in die Grundlagen der griechischen Sprache eingeführt. Als Lehrbücher werden eine kleine Sprachlehre, die 1510 in Wittenberg erschienen ist, und die griechische Grammatik von Johannes Oekolampad aus dem Jahre 1518 verwendet. Die Lektüre besteht aus einigen Dialogen Lukians sowie den Werken Hesoids und Homers. Nur die Besten aus dieser Gruppe dürfen sich nach einiger Zeit auch der dritten Fremdsprache, dem Hebräischen, zuwenden.[41] Agricola und Tulich vermerken in ihrem Schulplan, daß sie auch Unterricht in Mathematik, ja im ganzen Spektrum der Wissenschaften für wünschenswert hielten. Aus Rücksicht auf das Alter der Schüler und auf die Priorität der Sprachen bliebe in dieser Hinsicht nur die Hoffnung auf später. Eine Stunde Musikunterricht soll aber auf jeden Falle täglich stattfinden.[42]

Erst im Schlußteil des Plakats, dann aber umso deutlicher, nehmen die beiden Pädagogen zur Rolle der Glaubenserziehung in ihrer Schule Stellung, indem sie mit der Grundaussage beginnen: »Nur dann werden diese Studien glücklich verlaufen, wenn sie mit Frömmigkeit verbunden sind«. Sie berufen sich hierfür auf Jesu Forderung »Trachtet am ersten nach dem Reich Gottes« (Matthäus 6, 33) und auf die bekannte Verpflichtung zur Glaubensunterweisung der Jugend im 5. Buch Mose 6,7, 20–25. Deshalb soll der Sonntag dem Religionsunterricht vorbehalten bleiben. Der Lehrer soll der ganzen Schule einen Abschnitt aus einem der Evangelien oder aus einem Paulusbrief oder aus den Sprüchen Salomos erklären. Das soll möglichst schlicht geschehen. Die Jugend soll dabei nicht zur Lust am Disputieren angeregt werden, sondern sie soll lernen, echte Frömmigkeit von Heuchelei zu unterscheiden. Es komme darauf an, zur

Gottesfurcht, zum Glauben und schließlich zu guten Sitten hinzuführen. Hierfür reiche es nicht, daß den Schülern viel vorgelesen oder vorgetragen wird. Sie müßten vielmehr das Vaterunser, das Glaubensbekenntnis, die zehn Gebote, eine Auswahl von Psalmen und gewisse andere Abschnitte aus der Heiligen Schrift auswendig lernen. Das habe der Lehrer als Sonntagspensum aufzugeben und der Reihe nach aufsagen zu lassen, damit dieser Lernstoff gut im Gedächtnis haften bleibe.[43]
Der Schulplan Agricolas und Tulichs zeige »überall den melanchthonischen Typus«, denn er enthalte Gedanken, die der Wittenberger Professor des öfteren vorgetragen habe.[44] Diesem Urteil eines Kenners von Melanchthons Pädagogik kann wohl zugestimmt werden, obgleich die pädagogischen Impulse der Wittenberger Frühreformation noch längst nicht ausreichend erforscht sind.[45] Wie stark Agricola in diese Bestrebungen eingebunden war, belegt der Auftrag, den er Anfang 1525 gemeinsam mit Justus Jonas von Luther erhielt. Beide sollten einen Katechismus für Kinder ausarbeiten.[46] Die Zeitverhältnisse verhinderten vorerst die Ausführung. Als die Schule in Eisleben bereits ins zweite Jahr ihrer Existenz ging und sich konsolidiert hatte, setzte sich Agricola erneut an diese Arbeit. Sein Katechismus erschien 1527 lateinisch als »Elementa Pietatis« und deutsch als »Eine christliche Kinderzucht in Gottes Wort und Lehre. Aus der Schule zu Eisleben«.[47] Die Nähe zur Wittenberger Pädagogik, vor allem zur Geisttheologie des jungen Melanchthon, ist hier unverkennbar, wenngleich genauere Untersuchungen hierzu noch fehlen.[48] Die inhaltliche Füllung des Lehrplanes von 1525 wird auch im Katechismus ihren Niederschlag gefunden haben. Bevor die »Schule zu Eisleben« so auf publizistischem Wege bekannt wurde, dürfte ihre Außenwirkung auch in der Funktion gelegen haben, die ihr Justus Jonas im November 1525 zuspricht, »ander herschafften ein sonder gut exempel geben«, anderen Obrigkeiten als Anreiz zu dienen, ihre Verantwortung für die junge Generation wahrzunehmen.[49]

Anmerkungen:

1. SANDER L. GILMAN: Johann Agricola: Die Sprichwörtersammlungen. Bd. 1, Berlin 1971, S. 316, Nr. 379.
2. Martin Luthers Werke. Kritische Gesamtausgabe Bd. 15, Weimar 1899, S. 9–53, bes. S. 50 = WA.
3. Vgl. KLAUS WRIEDT: Schulen und bürgerliches Bildungswesen in Norddeutschland im Spätmittelalter, in: Bernd Moeller u. a. (Hg.), Studien zum städtischen Bildungswesen im späten Mittelalter und der frühen Neuzeit, Göttingen 1983, S. 152–172.
4. Vgl. z. B. ULRICH SCHINDEL: Die »auctores« im Unterricht deutscher Stadtschulen im Spätmittelalter und in der frühen Neuzeit, in: Ebd., S. 430–452.
5. Vgl. RUDOLF ENDRES: Das Schulwesen in Franken zur Zeit der Reformation, in: Zeitschrift für bayerische Kirchengeschichte 63 (1994), S. 12–29.
6. Z. B. C. J. GERHARDT: Die Höheren Schulen in Eisleben von 1525 bis 1600, in: Symbolae Islebiensis. Festschrift zur Einweihung des neuen Gymnasialgebäudes am 31. Oktober 1883, Eisleben 1883, S. 14.
7. HERMANN GRÖßLER: Die Anfänge des höheren Schulwesens in Eisleben, in: Mansfelder Blätter 16 (1902), S. 174–176, bes. 175.

8. CYRIACUS SPANGENBERG: Mansfeldische Chronica. Der vierte Teil, hrsg. v. RUDOLF LEERS, Eisleben 1916, S. 338–341.
9. Ebd., S. 332.
10. Ebd., S. 325.
11. Ebd., S. 315 f.
12. OTTO CLEMEN: Der Wittenberger Medizinprofessor Melchior Fend, in: Ders., Kleine Schriften zur Reformationsgeschichte (1897–1944). Hrsg. v. ERNST KOCH, Bd. 6, Leipzig 1985, S. 110–124, bes. S. 111 f. Die pädagogische Tätigkeit in Eisleben war Clemen nicht bekannt.
13. Vgl. MARTIN GECK: Georg Rau, in: Die Musik in Geschichte und Gegenwart, Bd. 11, Kassel etc. 1963, Sp. 372–376; JOSEF BENZING: Die Buchdrucker des 16. und 17. Jahrhunderts im deutschen Sprachgebiet, 2. Aufl., Wiesbaden 1982, S. 500.
14. Vgl. HEINRICH KRAMM: Studien über die Oberschichten der mitteldeutschen Städte im 16. Jahrhundert, Bd. 1, Köln/Wien 1981, S. 317 f.
15. Vgl. ENDRES: Schulwesen, S. 15 (wie Anm. 5).
16. Vgl. z. B. EKKEHARD WESTERMANN: Das Eislebener Garkupfer und seine Bedeutung für den europäischen Kupfermarkt, Köln/Wien 1971.
17. WA Briefwechsel, Bd. 3, Weimar 1933, S. 474: Luther an Spalatin, 16. April 1525 (wie Anm. 2).
18. Vgl. SIEGFRIED BRÄUER: Luthers »Zwei-Reiche-Lehre« im Ernstfall. Der Konflikt Graf Albrechts mit seinen Vettern 1524/25, in: Landesgeschichte als Herausforderung und Programm. Festschrift für Karlheinz Blaschke zum 70. Geburtstag, Weimar 1997.
19. Vgl. SIEGFRIED BRÄUER: Die Vorgeschichte der kursächsischen Bündnisüberlegungen und Luthers Stellungnahme vom 11. Januar 1525, in: GÜNTER VOGLER u. a. (Hg.): Martin Luther. Leben-Werk-Wirkung, Berlin 1983, S. 193–221.
20. WA Bd. 15, S. 38 und 43 (wie Anm. 2).
21. Melanchthons Briefwechsel, Bd. T 2, bearb. v. RICHARD WETZEL u. a., Stuttgart/Bad Cannstatt 1995, S. 288 Nr. 391. = MBW.
22. WA Bd. 18, S. 281 (wie Anm. 2).
23. Vgl. CHRISTIANE GRIESE: Luthers Reisen ins Aufstandsgebiet vom 16. 4. 1525 bis zum 6. 5. 1525, Mühlhäuser Beiträge 12 (1989), S. 25–35.
24. Vgl. SIEGFRIED BRÄUER: Der Hüttenmeister Christoph Meinhard in Eisleben und seine Beziehungen zu Thomas Müntzer, in: ERICH DONNERT (Hg.): Europa in der Frühen Neuzeit. Festschrift für Günter Mühlpfordt zum 75. Geburtstag, Bd. 1, Weimar 1997, S. 109–134.
25. FELICIAN GESS (Hg.): Akten und Briefe zur Kirchenpolitik Herzog Georgs von Sachsen, Bd. 2, Leipzig/Berlin 1917, S. 143. Graf Ernst war aus diesem Grund schon in den Ostertagen von Heldrungen nach Mansfeld geritten, ebd., S. 221.
26. GUSTAV KAWERAU: Johann Agricola von Eisleben, Berlin 1881, S. 52–55.
27. Ebd., S. 59; GEORG MENTZ: Die Briefe G. Spalatins an V. Warbeck, nebst ergänzenden Aktenstücken. Archiv für Reformationsgeschichte 1 (1904), S. 197–246, bes. S. 224; GUSTAV KAWERAU (Hg.): Der Briefwechsel des Justus Jonas, Bd. 1, Halle 1884, S. 90 f. (Jonas in Eisleben, 18. August 1524).
28. KAWERAU: Agricola, S. 59 f. (wie Anm. 26).
29. MBW, Bd. 2, S. 342: 24. August 1525; ebd., S. 347 f.: 7. September 1525 (wie Anm. 21).
30. WALTER FRIEDENSBURG: Geschichte der Universität Wittenberg, Halle 1917, S. 219 f.
31. MBW, Bd. 2, S. 343: Melanchthon an Agricola, 24. August 1525; ebd., S. 357: Melanchthon an Agricola, 16. Oktober 1525; ebd., S. 358: Burkhard an Agricola, 20. Oktober 1525 (wie Anm. 21).

32. Ebd., S. 321: Melanchthon an Cruciger, 12. Juni 1525. Zu Tulich vgl. FRIEDRICH KOLDEWEY: HERMANN TULICHIUS, in: Allgemeine Deutsche Biographie, Bd. 38, Leipzig 1894, S. 777–781; KLEMENS LÖFFLER (Hg.): HERMANN HAMELMANNS Geschichtliche Werke, Bd. 1, Heft 3, Münster 1908, S. 342–349 (Bibliographie Tulichs).

33. GERHARDT: Schulen, S. 23 (wie Anm. 6). Vgl. bereits Gustav Kawerau: Zur Schul- und Kirchengeschichte Eislebens aus den Jahren 1525–1536. Zeitschrift des Harzvereins für Geschichte und Altertumskunde 12 (1879), S. 213–245, bes. S. 217.

34. MBW, Bd. 2, S. 365: Melanchthon an Agricola, 2. Dezember 1525 (wie Anm. 21).

35. Ebd., S. 359 f.: Melanchthon an Agricola, 21. Oktober 1525; WA Briefwechsel, Bd. 3, S. 589 (wie Anm. 17).

36. SPANGENBERG: Chronica, S. 316 und 327 (wie Anm. 8).

37. WA Briefwechsel, Bd. 18, Weimar 1985, S. 101. Die Angaben über die Herkunft aus Neuenburg und das Erfurter Studium sind zu überprüfen. In Wittenberg wurde 1523 ein Jodocus Rugerius aus Fritzlar immatrikuliert, vgl. KARL EDUARD FÖRSTEMANN (Hg.): Album Academiae Vitebergensis, Leipzig 1841, S. 119 b.

38. GERHARDT: Schulen, Lehrplan bei S. 16 (wie Anm. 6); MBW, Bd. 2, S. 337–340 (wie Anm. 21); SIEGFRIED BRÄUER: Der Humanist Euricius Cordus und sein neulateinisches Epos »Antilutheromastix« von 1525, in: HEIKO A. OBERMANN (Hg.): Deutscher Bauernkrieg 1525. Zeitschrift für Kirchengeschichte 85 (2/1974), S. 65–94, bes. S. 79.

39. Melanchthons »Unterricht der Visitatoren« von 1528 nennt ein Lehrbuch mit Alphabet, Vaterunser, Glaubensbekenntnis und Gebeten, desgleichen die Dicta Catonis. Mosellans Buch ist erst für die 2. Klasse vorgesehen, vgl. Melanchthons Werke, hrsg. v. ROBERT STUPPERICH, Bd. 1, Gütersloh 1951, S. 267 f.

40. Vgl. die besonders ausführlichen Angaben Melanchthons zur 2. Klasse. Neben Terenz nennt er auch Plautus, vgl. ebd., S. 269.

41. Melanchthon nennt für die 3. Klasse nur Vergil, Cicero und Ovid, da er für die Lateinschule nur eine Fremdsprache vorsieht, vgl. ebd., S. 267 und 271.

42. Zum Musikunterricht bei Melanchthon vgl. ebd, S. 267 f. und 271.

43. Für den Glaubensunterricht bestimmt Melanchthon Sonnabend oder Mittwoch. Lern- und Auslegungsstoff sind teilweise mit dem Plan von Agricola/Tulich identisch, vgl. ebd., S. 269 f.

44. KARL HARTFELDER: Philipp Melanchthon als Praeceptor Germaniae, Berlin 1889, S. 497. Ohne Beweiskraft ist die Annahme für Melanchthonsverfasserschaft für den Eisleber Lehrplan bei ADOLF HERMANN STEMPEL: Melanchthons pädagogisches Wirken, Bielefeld 1979, S. 70–81 f.

45. Vgl. GEORG MERTZ: Das Schulwesen der deutschen Reformation, Heidelberg 1902 (nur additive Quellenverarbeitung).

46. WA, Briefwechsel, Bd. 3, S. 431 und 462 (wie Anm. 17).

47. Vgl. FERDINAND COHRS: Die Evangelischen Katechismusversuche vor Luthers Enchiridon, Bd. 2, Berlin 1900, S. 1–83.

48. Vgl. ERNST KOCH: Johann Agricola neben Luther. Schülerschaft und theologische Eigenart, in: GERHARD HAMMER/KARL-HEINZ ZUR MÜHLEN (Hg.): Lutheriana, Köln/Wien 1984, S. 131–150.

49. KAWERAU (Hg.): Briefwechsel Jonas, Bd. 1, S. 95 (wie Anm. 27).

Gerhard Arnhardt

Das Curriculum für Eisleben (1525) – Auftakt für die Konstituierung des protestantischen Gelehrtenschulwesens

Mit wachsender Vergesellschaftung des individuellen Lebens konnte die häusliche Sozialisation der Heranwachsenden von alters her nur begrenzte Lebenshilfe gewähren. Folglich mußte Schule ein Ort für die Lebensvorbereitung werden, an dem sich stetig ausweitende Bedürfnisse das Lehren und Lernen bestimmten. Die so mit Hoffnungen und Sehnsüchten Beladene sollte Sicherheit gewähren; sie wurde für viele Enttäuschte jeden Alters Stätte der Angst und Verzweiflung. Das Maß ihrer Konfliktbeladenheit begründete eine dirigierende Obrigkeit, die nicht nur menschliche Aufrüstung, sondern zunehmend Dienstgefälligkeit und Brauchbarkeit forderte.

Philipp Melanchthon (16.2.1497–19.4.1560) hatte die Widersprüchlichkeit, Starrheit und Selbstzufriedenheit mittelalterlicher Bildung kritisiert; er wurde der Architekt eines ausbau- und erneuerungsfähigen christlichen Schulsystems an der Schwelle zur Neuzeit. Selbstbestimmung, Verantwortungsbewußtsein, Toleranz, Güte, Wärme und Fleiß wußte er als Tangenten für unablässiges Erkenntnisstreben zu institutionalisieren. Von einer derart gefügten, der humanistischen Menschenbildung verpflichteten Schule konnten befreiende Wirkungen ausgehen, wenn sie es verstand, bedrückende spätscholastische Fremdbestimmung einzuschränken. Denn die sich zeitweilig selbst auszehrende Papstkirche hatte auch die theologischen, ethischen und pädagogischen Grundlagen der inneren und äußeren Kloster-, Dom- und Stiftschulen, des höfischen Schulwesens sowie der städtischen deutschen Schreib-, Lese-, Rechen- und Lateinschulen gefährdet.

Folgerichtig war das erste Aufbegehren der Protestierenden gegen die Verflachung, Vermarktung und Veräußerlichung des religiösen Lebens auch auf die überkommenen, scholastisch geprägten, diffus strukturierten Schulen übertragen worden. Das Streben nach Bildung geriet in protestantisch gewordenen Gebieten zeitweilig unter das Stigma des Antichristlichen. Erst *Melanchthons* Forderungen »Über die Verbesserung der Studien der Jugend« (1518) und *Martin Luthers* (1483–1546) Ruf »An den christlichen Adel deutscher Nation von des christlichen Standes Besserung« (1520) wiesen den Weg aus dem selbst beschworenen und von religiösen Schwärmern ideologisierten Bildungstiefstand, den die Mehrzahl der Reformatoren einzuschlagen bereit war.

Melanchthon, angeregt und unterstützt durch *Luthers* Mahnung »An die Ratsherrn aller Städte deutschen Landes, daß sie christliche Schulen aufrichten und halten sollen« (1524), hatte seit Mitte der zwanziger Jahre die christliche Solidargemeinschaft aus Landeskirche und Obrigkeit auf die Konstituierung eines durchgängigen Bildungssystems verpflichtet, das erstmals freien Zugang zur zeitgemäßen Allgemein- und Spezialbildung ermöglichen sollte. Aus der Synthese von Renaissancehumanismus, Protestantismus und produktiven Elementen mittelalterlicher Bildungstradition entwickelte jener eine bis in unsere Tage reichende Schultheorie.

Mit Hilfe von Schriften, Reden, Briefen, Schulbüchern, Visitations-, Kirchen- und Schulordnungen sowie durch sein direktes Engagement vor Ort, gelang die Erneuerung von Elementar-, Trivial- und Hochschulen; es erfolgten Gründungen in kaum überschaubarer Zahl. Sie sollten Kristalisationskerne für ein geschlossenes Schulnetz in protestantischen deutschen Landen werden.[1]

Diese Öffnung für die allgemeine Bildung des Volkes mußte zwangsläufig zu einer Überfüllung der Artistenfakultäten an den protestantischen Universitäten führen, weil der Kern des klerikalen Bildungssystems mit der Säkularisierung der Klöster weggebrochen war und die städtischen Trivialschulen nur partiell Hochschulvorbereitung betreiben konnten. Der Andrang nach einer Ausweitung zeitgemäßer Allgemeinbildung behinderte seinerseits die erforderliche philosophische Profilierung der Artistenfakul-

Bildnis des Erwirdigen Herrn Philipp Melanchthon
seltener anonymer kolorierter Holzschnitt
um 1560/70
gedruckt bei Christoffer Diebel in Lübeck
restauriert und auf Japanpapier aufgezogen
Größe: 35,7 x 21,5 cm
(Universitäts- und Landesbibliothek Halle-Wittenberg,
Abt. Sondersammlungen: Vc 137 M 2°)
Nach einem Holzschnitt von Lucas Cranach als Vorlage angefertigt

tät, die ein wesentliches Element der melanchthonschen Universitätsreform blieb, aber in zunehmenden Maße unerträglich überfüllt war.

Melanchthons Sichten, Sammeln, Ordnen und Konstruieren mündete in praktikable pädagogische Leitlinien für ein geschlossenes System der Allgemeinbildung in protestantischen Ländern. Dies war in einer Dreigliedrigkeit von Beschulung, der aufeinander aufbauenden elementaren, mittleren und höheren, so einsichtig organisiert, daß es bis in unsere Gegenwart Bestand hat. Ein beredtes Zeugnis für diesen Auftakt finden wir in *Melanchthons* Anregungen für die Neugründung der Eisleber Schule im Jahre 1525.

Es muß Vertrauen der Grafen von *Mansfeld* in den großen Sohn ihrer Stadt Eisleben, *Martin Luther*, gewesen sein, als sie um seinen Rat für die Gründung einer Schule neuartiger Leistungsfähigkeit nachsuchten. *Luther*, fasziniert von dieser Idee, machte sich 1525 mit seinen Beratern *Melanchthon* und *Johann Agricola* (1494–1566) auf den Weg, um am Ort zweckdienliche Hilfe zu gewähren und die lokalen Besonderheiten für das Projekt in Augenschein zu nehmen. Nach dem Abflauen der Bauernunruhen brach *Agricola* im August 1525 mit seiner Familie auf, um von Wittenberg nach Eisleben überzusiedeln. Er sollte dem protestantischen Experiment Schule erste Gestalt verleihen. Die von *Agricola* und *Hermann Tulich* (1486–1540) öffentlich gemachte Schulordnung[2] lebt aus melanchthonschem Geist und reflektiert neuartiges Erzieherethos. *Melanchthon* hatte jenes dem scheidenden Freunde in einem Distichon[3] mit auf den Weg gegeben.

Einleitend werden in der Ordnung Motive der Schulgründung angegeben: Landeskinder sollten besser als bisher im rechten Glauben erzogen sowie mit Weisheit und Tugenden ausgerüstet werden. Segensreiches Wirken der kirchlichen und weltlichen Obrigkeit baue nunmehr auf gebildete, einsichtige Untertanen. Angesichts verheerender Wirkungen bildungsfeindlicher anarchistischer Kräfte und mystisch freigeistiger Schwärmgeister sei es Pflicht der Fürsten, Heranwachsende in der Schule für die Lehre in »heiligen und profanen Wissenschaften« auszubilden.

Nach *Melanchthons* Anregung wurde die Eisleber Schule in drei Klassen (»Haufen«), weniger nach dem Alter, mehr nach den Vorkenntnissen und Fähigkeiten der Schüler unterteilt. Für jede Klasse findet sich ein Lehrplan, der Bildungsinhalte und didaktische Grundstrukturen enthält. In der ersten Klasse konnten die Lernanfänger elementare Kulturtechniken nach den gängigen »vulgati libelli« erwerben. Darüber hinaus sollten sie mit der »Paedologia« des *Petrus Mosellanus* (1493–1524), mit der lateinischen Fassung der »Fabeln des Äsop« sowie den von *Erasmus von Rotterdam* (1466/67–1536) 1515 herausgegebenen »Mimi Publiani« und »Praecepta Catonis« bekannt gemacht werden. Die empfohlene Methode war einfach aber probat: Der Lehrer erklärte und prüfte; der Schüler sollte verstehen, auswendig lernen und anwenden. Eine zeitliche Begrenzung dieser ersten Klasse gab es nicht. Offenbar entschieden Eltern und Lehrer nach hinreichenden Lernergebnissen in mehreren Jahren über eine Aufnahme in die zweite Klasse.

Diese Festlegungen halfen, das diffus organisierte Elementarschulwesen zu überwinden; sie lieferten Denkansätze für die Strukturierung des niederen deutschen Schulwesens in der Aufklärung und im Neuhumanismus.
Für die zweite Klasse (mittlere Bildung) war die grammatische Grundlegung einer sachkundigen Beredsamkeit (Eloquenz) in lateinischer Sprache vorgesehen. Das Beherrschen der deutschen Sprache – das sächsische Kanzleideutsch der Bibelübersetzung – wurde als »Vorhof« zum christlichen Leben bestimmt. Alte Sprachen sollten den »Vorhof« für christliche Bildung und europäische Verständigung bilden. Das Erlernen von Sprachen folgte dem damaligen Aneignungsverständnis über Satz-, Wort-, Formen- und Lautlehre. Grammatik war also der allgemein umschriebene Standort von Sprachen in jedem Curriculum. Angeregt wurde folgendes didaktisches Konzept: Lernen und Erkennen der Regeln in Texten von Vergil und Terenz; Auswendiglernen von Textbeispielen; Anwenden der Regeln in selbst entworfenen Erzählungen, Briefen oder Versen nach vorgegebenen Argumenten.
In der Mehrzahl der städtischen Latein- und Ratsschulen erschöpften sich die Bildungsmöglichkeiten auch noch in der Folgezeit im hier fixierten Anspruch der ersten zwei Klassen, sporadisch angereichert durch Anfangsgründe in der Dialektik und Rhetorik (Trivialschulen). Die Ansprüche einer mittleren Bildung waren also in Eisleben verallgemeinerungswürdig projektiert und didaktisch praktikabel aufbereitet.
Mit bemerkenswerter Ausführlichkeit ist der Lehrplan für die dritte Klasse ausgearbeitet. Hier bildeten neben der grammatischen Vervollkommnung Dialektik, Rhetorik, Elementares aus dem Quatrivium sowie religiöse und historische Bildungsinhalte das Rüstzeug, also Kernbereiche melanchthonschen Bildungsverständnisses. Als Lehrfach und Lehrmethode sollte Dialektik nach dem Vorbild des *Erasmus von Rotterdam* »De duplici copia verborum ac rerum«, jenseits geschwätzig-spitzfindiger Spätscholasterei, nützliches Bindeglied für den Erkenntnisfortschritt werden. Für den Rhetorikunterricht waren *Erasmus* »De conscribendis epistolis« oder *Mosellanus* »De primis apud Rhetorem exercitationibus praeceptiones« als Lehrbücher empfohlen.
Melanchthon hatte *Luthers* Auffassung über den Zusammenhang von Dialektik als »Leib« und Rhetorik als »Allegoria« der Eloquenz geteilt und der zweiten Auflage seiner »Dialektik« eine »Rhetorik« hinzugefügt. Dadurch kam ein kanonisch gewordenes Lehrbuch zustande. Der bereits 1525 unvorstellbar hoch angesetzte pädagogische Rang der Rhetorik ist wohl darin begründet, daß man annahm, der sachkundigen Beredsamkeit folge die Einsicht wie dem »Körper der Schatten«. Dabei darf wohl auch nicht übersehen werden, daß im 16. Jahrhundert die Rede als gesprochenes Wort dominante Quelle und wirksamstes Mittel der Belehrung und der allgemeinen Information war.
Die Eisleber Schulordnung gebot die Lektüre antiker Schriftsteller als Ganzschriften und zwar in erstmalig anzutreffender didaktischer Konsequenz für die dritte Klasse. Wichtigste Bildungsquellen sollten die Geschichtsschreiber *Livius* und *Sallust*, die Dichter *Vergil, Horaz* und *Ovid* sowie der Redner und Philosoph *Cicero* mit »Pro Ar-

chia«, »Pro Marcello«, »De officiis«, »De amicita« und »De senectute« sein. In den wöchentlich angesetzten zwei Stilübungen in Prosa und Poesie konnten *Plautus* sowie *Ciceros* Briefe, die »Epistolographie« des *Erasmus* und *Mosellans* »Redeanleitung« erklärt werden. Ihre Imitation war angeraten. Damit war der lateinische Quellenkatalog für die höhere Allgemeinbildung umrissen; er sollte für die Hochschulvorbereitung (Gelehrtenbildung) bis zu seiner neuhumanistischen Überarbeitung im letzten Drittel des 18. Jahrhunderts im Grundsächlichen Bestand haben.
Schon in der bereits erwähnten Wittenberger Antrittsrede (1518) hatte *Melanchthon* beklagt, daß die scholastische Theologie das Griechische in Abseits gedrängt habe. Ohne an die Quellen menschlichen Daseins zurückzukehren, gebe es jedoch weder beglückende Gläubigkeit noch vorwärtsweisende Erkenntnis. Das Griechische wurde folgerichtig für die dritte Klasse in Eisleben verbindlich gemacht. Die Methode sollte der Grammatik des Baseler Reformators *Johannes Oecolampad* (1482–1531) oder des *Melanchthon* und ansonsten dem Lateinunterricht folgen. Anfänge konnten mit dem Lesen in *Melanchthons* »Chrestomathie«, in den »Fibeln« von *Joachim Camerarius* (1500–1574) und *Johannes Sturm* (1507–1586) sowie im Griechischen Katechismus oder im Neuen Testament gemacht werden. Der Lese- und Schreibunterricht sollte sofort mit der »Lehre von den Dipthongen, Accenten, Deklinationen und Konjugationen« verbunden werden. Übersetzungen in das Griechische waren noch nicht vorgesehen. *Melanchthons* Auffassung, daß im Anfangsunterricht »Aesops Fabeln« in die Orginalsprache und die »Dialoge« des Lucian erklärt werden sollten, hatte ihren Niederschlag in der Ordnung gefunden. Das gleiche gilt für die Konzentration der Fortgeschrittenen auf die weiterführende Lektüre von Dialogen des Lukian, des Hesiod und des Homers.
Die Einführung in das Hebräische durfte nur den besonders Begabten angeboten werden, damit Lernfortschritte im Lateinischen nicht beeinträchtigt würden. Ohne detaillierten Umriß des Bildungsinhalts finden sich für die dritte Klasse in Eisleben Forderungen nach mathematischen, musikalischen, astronomischen und geschichtlichen Unterweisungen, die dem Alter der Schüler gemäß sein sollten. Aber auch hier sind Einschränkungen betont: Die Belehrungen müßten nützlich, also auf die Lebensbewältigung gerichtet und so dosiert sein, daß die Sprachen nicht vernachlässigt würden.
In dieser Ordnung aus dem Jahre 1525 findet sich auch erstmals die Forderung nach curricular fixiertem Religionsunterricht, die aus Matth. 6, 55 begründet war. Danach sei einsichtig, daß Lehren und Lernen nur in der Bindung zur Frömmigkeitserziehung erfolgreich sein könnten. Auch hier folgte der Lehrplan ursprünglichen Intentionen *Melanchthons*: Pietas sei Ziel und Regulativ aller Bildung. Damit war Eloquenz analog den akademischen Studien zuförderst der Theologie verpflichtet. Es bleibt zu vermuten, daß schon in Eisleben die erste Klasse täglich und die Oberklassen sonntags diesbezüglich unterrichtet worden sind. Lesestoffe sollten Psalm- und Spruchsammlungen sowie das Neue Testament sein; für Erklärungen waren Briefe des Paulus und Johannes, die Evangelien oder Sprüche des Salomons empfohlen. Das »Vater Unser«, das

»Glaubensbekenntnis«, der »Dekalog«, ausgewählte Psalmen und wichtige Textstellen aus der Bibel mußten von allen Schülern auswendig gelernt werden.
Bedeutungsvoll kann gewesen sein, daß auch für die dritte Klasse deutschsprachige Bibeln, Katechismen und Gesangbücher nicht ausgeschlossen worden sind. Deutsche Predigten, deutsche Gottesdienste als Bestandteile des Religionsunterrichts müssen in einem merkwürdigen Gegensatz zur übernommenen Latinität des Bildungsanspruchs der Reformatoren gestanden haben. Aus diesem zwangsläufig angelegten Widerspruch ist unter anderem mit erklärbar, warum sich im Schatten der Humaniora, aus zaghaften Anfängen, eine deutsche Sprachkultur und Literatur verhalten aber stetig entwickelte, die an protestantischen Schulen Nationalgefühl und Nationalstolz befördern half. Dafür stehen Namen wie *Valentin Ickelsamer* (ca. 1500 bis n. 1537), *Hieronymus Wolf* (1516–1580), *Johannes Clajus* (1530–1592), *Johann Lauterbach* (1531–1593) oder *Georg Henisch* (1549–1618).
Mit der Eisleber Schulordnung war für *Melanchthon* zweifelsfrei das pädagogische und schulorganisatorische Fundament für ein dreigliedriges, staatlich beaufsichtigtes Bildungssystem gelegt. Aus den pädagogischen Grundideen entwickelte der Praeceptor Germaniae die Institutionierungsmodelle für niedere, mittlere und höhere Schulen in den protestantischen Ländern. Sie halfen, die drei Schultypen zeitgemäß auszugestalten. Nach den bisher erörtertenten bildungspolitischen Zwängen ist seine vorrangige Zuwendung zur Institutionalisierung der dritten Klasse als Ort ausschließlicher Hochschulvorbereitung einsichtig, zumal wiederholte Versuche in der Vergangenheit nicht so recht gelingen wollten.
Das fortschrittliche Bildungsbürgertum Nürnbergs beispielsweise hatte das Scheitern ihrer 1496 aufgerichteten Poetenschule, die *Konrad Celtis* (1459–1508) leiten sollte, wohl nie so recht verwunden. Erneut beschloß der Rat am 17. Oktober 1524, *Melanchthon* mit der Neugründung einer »Oberen Schule«, an der besonders künftige Gelehrte ihre Hochschulvorbereitung betreiben konnten, zu betrauen. Dankbarkeit gegenüber dem sächsischen Kurfürstentum bewog *Melanchthon* zur Ablehnung des verlockenden Angebots. Die akademische Lehre wird ihm darüberhinaus näher gelegen haben als ihre schulische Vorbereitung. Dennoch bemühte er sich mit bemerkenswertem Engagement um die Profilierung dieses erneuten Auftakts für eine protestantische Gelehrtenbildung. Er empfahl die Lehrkräfte [*Joachim Camerarius* (1500–1574), *Eobanus Hessus* (1488–1540), *Michael Roting* (1494–1588), *Johannes Schöner* (1477–1547)] und eröffnete diese selbst durch einen feierlichen Akt am 23. Mai 1526 in den Räumen des ehemaligen Klosters St. Ägidien. Seine Festrede, ein gewichtiges bildungspolitisches Dokument für selbstloses Wissenschaftsengagement und gegen bildungsfeindliche Tendenzen im Zeitgeist, beschwor den Genius von Eisleben. Viele Impulse für die Schulordnung der »Oberen Schule« in Nürnberg weiteten das pädagogische Anliegen der dritten Klasse auf eine selbständige Institution aus. Ziele, Motive und Bildungsinhalte schlossen nahtlos an die Eisleber Ordnung an – partiell sind sie sogar identisch. Die ungewohnte, der Hochschule entnommene lehrerzentriert ange-

legte Unterrichtsorganisation (Lehrer für Grammatik, Dialektik, Rhetorik, Mathematik, Griechisch) dieser neuen eigenständischen Gelehrtenschule scheint unter anderem ein Grund für den mäßigen Erfolg dieses Neuanfangs gewesen zu sein.

Melanchthons »Kursächsische Instruktion für Visitatorn ...« (1528), die mit *Luthers* Vorwort zum umfassenden Bildungsprogramm der Reformation werden sollte, ist im Schulbereich eine offensichtliche Fortschreibung der Anfänge von Eisleben. Der Autor verbreiterte nunmehr Voraussetzungen dafür, daß sich vom Klerus belächelte und von den Schwärmern verketzerte wildwüchsige Hochschulvorbereitung in protestantischen Gebieten zu ordnen begann. In Straßburg, Sachsen, Württemberg und anderenorts entstanden Institutionalisierungsmodelle leistungsfähige »Gelehrtenschulen«, die noch zu Lebzeiten *Melanchthons* internationale Maßstäbe setzten. Wie bereits angedeutet, war aber auch die Eisleber Ordnung keine vorraussetzungslose Originalschöpfung *Melanchthons*. Dieser hatte wiederholt betont, daß er die Drei- oder Sechsteilung mittelalterlicher Lateinschulen und überkommene Bildungselemente als wertvolle Anregungen betrachtete. Ihre Fernwirkung ist wohl auch dieser bewußten Verankerung in dem Lebendigen und Bewährten der mittelalterlichen Bildungstradition zu verdanken.

Interessiert, anregend und schützend begleitete *Melanchthon* beispielsweise Schulversuche seines ehemaligen Studenten *Peter Plateanus* (gest 1550) in Joachimsthal und Zwi-

Philipp Melanchthon
anonymer Stahlstich um 1850
Größe: 12,0 x 9,2 cm
(Universitäts- und Landesbibliothek
Halle-Wittenberg
Abt. Sondersammlungen:
Vc 137 M 42 c)

kau oder das Experiment seines Freundes *Johannes Sturm* (1507–1586) in Straßburg. Jener hatte am Ort des erfolglosen Mühens von *Jakob Wimpfeling* (1450–1528) eine glückliche Hand. 1536 zum Rektor der im ehemaligen Dominikanerkloster neu errichteten Gelehrtenschule berufen, legte er bereits Anfang 1538 einen Plan vor, der vom Straßburger Rat gebilligt als Curriculum für eine neunklassige »Gelehrtenschule« große Beachtung fand. Erst ihre Umwandlung in eine Akademie (1568) brachte die ausschließliche Konzentration auf die Hochschulvorbereitung.

Melanchthons Verdienst bestand auch darin, bei der Grundlegung der Gelehrtenschule scholastische Überformungen und humanistische Extravaganzen ausgemerzt und die Dreigliederung der Lernenden zum variablen konstruktiven Prinzip gemacht zu haben. Er verstand es, das Fundamentale mit aktuellen Intentionen aus der Zeit anzureichern, das Erprobte unter dem Leitgedanken »non multa, sed multum« kontinuierlich fortzuschreiben.

Unablässig trat der Praeceptor Germaniae für die Einrichtung höherer Schulen in säkularisierten Klöstern ein. So gelang es mit Helfern wie *Johannes Rivius* (1500–1555), *Georg Kommerstadt* (1498–1559), *Joachim Camerarius* und *Georg Fabricius* (1516–1571), beispielsweise in den ehemaligen Klöstern St. Marien ad Portam, St. Afra zu Meißen (1543) und St. Augustin in Grimma (1550) Gelehrtenschulen mit Internat einzurichten, die in drei aufsteigenden Klassen etwa 13- bis 19jährige Schüler – nach bestandener Aufnahmeprüfung und erfolgreich absolvierter Probezeit – für das Universitätsstudium rüsteten. Die Stiftungen des hoch gebildeten Herzogs/Kurfürsten *Moritz* von Sachsen (1521–1553) waren so angelegt, daß sehr *leistungsfähige* Lehrer angestellt werden konnten und begabte Schüler aus niederen sozialen Schichten mittels großzügig bereitgestellter Freistellen Zugang erhielten. Über Visitationen vor Ort und seinen Vertrauten *Camerarius* nahm *Melanchthon* persönlichen Anteil an der praktischen Ausgestaltung seines Ideals von der Gelehrtenschule in Sachsen. Die Fürstenschulen sollten alsbald interkonfessionelle Anerkennung finden und wegweisend für eine humanistische Hochschulvorbereitung werden.[4]

Das Modell von Eisleben war unter anderem auch Impulsgeber für die Gründung der evangelischen Klosterschulen in Württemberg. Die Vollendung der württembergischen Reformation unter Herzog *Christoph* (Regz. 1550–1568) brachte für sieben Benediktinerklöster (Alpirsbach, Anhausen, Blaubeuren, Hirsau, Lorch, Murrhardt, St. Georgen), vier Zisterzienserklöster (Bebenhausen, Herrenalb, Königsbronn, Maulbronn), das Prämonstratenserkloster Adelberg und Denkendorf (zum Orden des Heiligen Grabes gehörend) keine Verstaatlichung des Besitzes und der Erträge – im Gegensatz zu Sachsen. 13 Äbte verwalteten die Klöster, hatten Sitz im Landtag und bestimmten 1556 das ihnen anvertraute Kirchengut zu Bildungseinrichtungen.[5]

Die Klosterordnung aus dem gleichen Jahre, die württembergischen Kirchenordnungen von 1553 und 1559 und die Visitationsordnung von 1553 müssen den zeitweiligen Propst der Stuttgarter Stiftskirche, den Schwaben *Johann Brenz* (1499–1570), der zugleich herzoglicher Rat mit der Aufsicht der Klosterschulen beauftragt war, als spiritus

rector gehabt haben. Im Kontakt mit *Melanchthon* bestimmte er das pädagogische Profil der süddeutschen Klosterschulen. Differenziert in niedere und obere Klosterschulen folgen Bildungsziele und Bildungsinhalte der Traditionslinie Eisleben, Nürnberg, Straßburg ...; auch die Bevorzugung von *Melanchthons* Lehrbüchern ist offensichtlich. Wie *Melanchthon* war *Brenz* mit der Heidelberger Humanistenschule um *Rudolf Agricola* (1444–1485), dem Freund *Johannes Reuchlins* (1455–1522), eng verbunden gewesen. Die Bemühungen *Melanchthons*, *Brenz* als Reformer an die Universitäten nach Leipzig oder Tübingen zu berufen, können als Zeugnisse für pädagogische Verdienste besonderer Art gelten.
Eine Gesamtsicht auf die Reichweite der Eisleber Schulordnung läßt erkennen: Vorwiegend aus Anregungen *Quintilians* und *Luthers,* hatte *Melanchthon* in zahlreichen aka-

Ansicht von Nürnberg
Hartmann Schedel
Liber chronicarum (Schedelsche Weltchronik)
Nürnberg 1493 (Marienbibliothek Halle)

demischen Reden seine Theorie von der Institutionalisierung des gelehrten Unterrichts entwickelt. Sein Ziel, eine sittlich-religiöse, gehobene Allgemeinbildung auf protestantisch-humanistischer Grundlage zu institutionalisieren, wurde von *Luther* gebilligt und von *Agricola, Sturm, Brenz, Camerarius, Fabricius, Neander* und vielen anderen geteilt. Für die praktische Ausgestaltung der höheren Bildung in der Gelehrtenschule war das pädagogisch und schulorganisatorisch Notwendige und für die Theorieentwicklung Fruchtbare bereits in Eisleben angelegt.
Wer bereit ist, dieses weitreichende Paradigma als verbindliches Erbe noch heute anzunehmen, wird die existentiellen Gefahren für eine freie Entfaltung von Lehrern und Schülern im Gymnasium der Gegenwart leichter erkennen. Das selbstverordnete Diktat des Konsums in einer zerfallenden Solidargemeinschaft hat Schule vielerorts wieder zu einer Institution von Zwängen und Verweigerungen gemacht, die den melanchthonschen Selbstverwirklichungsanspruch immer mehr in den Schatten einer bornierten Verfügungsgewalt und eines zweifelhaften Aktionismus geraten läßt. Sich ausweitende Ignoranz gegenüber verpflichteten Traditionen droht den Geist verantwortungsbewußten pädagogischen Denkens und Handelns zum Kalkül selbstgefälligen Machtstrebens verkommen zu lassen. Von den großen Anfängen einer freien Schule, die der Gemeinschaft und dem einzelnen Entscheidungsmöglichkeiten einräumte und Verantwortung auferlegte, ist immer weniger spürbar. Die Schulordnung von Eisleben bestimmte einen Ort christlicher Selbstfindung und Treue einen Ort der Verinnerlichung auch dessen, was gut, aber nicht lehrbar ist, zur Schule. Viele Generationen von Schülern und großen Männern hatten dieses Vermächtnis bewahrt. Es darf heute nicht ungehört verhallen, wenn Bildung eines freien, selbstbestimmten Menschen eine Zukunft haben soll.

Anmerkungen

1 Vgl. GERHARD ARNHARDT/GERD-BODO REINERT, Philipp Melanchthon – Architekt des neuzeitlich-christlichen deutschen Schulsystems, Donauwörth 1997.

2 Vgl. FR. LOR. HOFFMANN, Der älteste, bis jetzt bekannte Lehrplan für eine deutsche Schule (die Schule der Stadt Eisleben) im Jahre 1525, aufgefunden und nach dem Originaldrucke nebst einigen Bemerkungen herausgegeben, Hamburg 1865.

3 Vgl. Corpus Reformatorum X. 504/53.

4 Vgl. GERHARD ARNHARDT, Schulpforte – eine Schule im Zeichen der humanistischen Bildungstradition, Berlin 1988.

5 Vgl. HERMANN EHMER, Der Humanismus an den evangelischen Klosterschulen in Württemberg. In: Humanismus und Bildungswesen des 15. und 16. Jahrhunderts, hrsg. v. W. REINHARD, Acta Humaniora, Weinheim 1984, S. 121–134.

GVT BEKENTVS VOR VIELEN ZEVGEN
VI·12
AVG·CONF·MEMORIA RENOV
MDCCXXX

An die Radherrn aller stedte deutsches lands: das sie Christliche schulen auffrichten vnd hallten sollen.

Martinus Luther.

Wittemberg. M. D. xxiiij.

M L

Lasst die kinder zu mir komen. vnd weret yhnen nicht Matt. 19.

Gerlinde Schlenker

Lehrer, Rektoren und Superintendenten der fürnehmen Lateinschule in Eisleben

Johann Agricola (1492 oder 1494–1566)
Reformator, Humanist, Schulreformer, Sprichwortsammler

Sein eigentlicher Name war Sneider (Schneider, Schnitter). Er wurde am 20.4.1492 oder 1494 in Eisleben geboren und starb am 22. 9. 1566 in Berlin an einer pestartigen Krankheit. Nach seinem Geburtsort führte er später den Namen Magister von Eisleben (Magister Islebius).Wegen seiner kleinen Gestalt hieß er auch spöttisch Magister Grickel, und Luther nannte ihn liebevoll Graeculus. Er erhielt seine Schulbildung bei den Franziskanern in oder bei Braunschweig, studierte 1509/10 an der Universität Leipzig und war 1514 wahrscheinlich in Braunschweig als Lehrer tätig. 1516 begann er noch einmal akademische Studien an der Universität in Wittenberg. Frühzeitig wurde er dort Martin Luthers und Philipp Melanchthons Schüler und Freund und des ersteren Tischgenosse. 1519 begleitete er beide als Schreiber zur Leipziger Disputation mit Eck. Danach fand er als Lehrer Beschäftigung in Wittenberg und ging 1525 für kurze Zeit, auf Luthers Empfehlung, nach Frankfurt a. M., um dort bei der Einrichtung des neuen Gottesdienstes zu helfen. 1525 kehrte er nach Eisleben zurück. Die 1525 zum evangelischen Glauben übergetretenen Mansfelder Grafen, Gebhard VII. und Albrecht IV., hatten Martin Luther den Auftrag erteilt, eine »christliche Schule« in Eisleben einzurichten. Im April 1525 fuhr Martin Luther in Begleitung von Philipp Melanchthon und Johann Agricola nach Eisleben, um die Schulgründung vorzunehmen und Agricola als ersten Rektor der Schule in sein Amt einzusetzen. Bedingt durch die Bauernunruhen kam die Schulgründung im Frühjahr 1525 nicht zustande. Nach Niederwerfung des Bauernaufstandes ging Agricola im Juli 1525 zum zweiten Mal nach Eisleben, diesmal mit Justus Jonas. Beide gründeten nach Verhandlungen mit den Grafen die evangelische Lateinschule. Im August 1525 siedelte Agricola mit Frau und vier Kindern in seine Geburtsstadt Eisleben über. Graf Albrecht sicherte ihm das stattliche Gehalt von 120 Gulden für die Leitung der Schule zu, außerdem sollte er eine Entschädigung erhalten für seine Predigten an der St. Nicolaikirche.

Gleichzeitig mit Agricola wurde der Wittenberger Universitätsprofessor Hermann Tulich an der Eisleber Schule angestellt. Beide waren an Tüchtigkeit gleich, so daß keiner dem anderen untergeordnet war. Dies konnte aber nicht gutgehen, denn die Leitung einer Schule muß einheitlich sein. Bereits im Oktober 1525 kehrte Hermann Tulich nach Wittenberg zurück, wo er im Winterhalbjahr 1525/26 zum Rektor der Wittenberger Universität gewählt wurde. 1532 übernahm er an der Johannisschule in Lüneburg ein selbständiges Schulrektorat und wirkte dort bis zu seinem Tode am 28. Juli 1540 erfolgreich. Johann Agricola war von 1525–1536 Rektor der reformatorischen Lateinschule. Im Frühjahr 1526 gründete Agricola noch eine Volksschule »deutsche Schule« in Eisleben. Martin Luther sandte Wendelin Faber als Lehrer an die Schule. Auch eine Mädchenschule richtete Johann Agricola ein, in der notdürftig das Lesen, Schreiben, Singen und der Katechismus gelehrt wurden. Gemeinsam stellten Johann Agricola und Hermann Tulich einen Lehrplan für die Eisleber Lateinschule auf. Ein Druckexemplar (in Form eines Flugblattes) – vielleicht das einzige noch vorhandene – entdeckte F. L. Hoffmann in der Hamburger Staatsbibliothek im Jahre 1865 und druckte es in seiner Schrift: »Der älteste bis jetzt bekannte Lehrplan für eine deutsche Schule (die Schule der Stadt Eisleben) im Jahre 1525 aufgefunden und nach dem Originaldruck nebst einigen Bemerkungen herausgegeben«, ab. Der Lehrplan ist jedoch nicht der älteste, sondern der zweitälteste bekannte aus evangelischer Zeit; älter ist der von Leonhard Natter für die Zwickauer Schulen verfaßte aus dem Jahre 1523 (Einteilung der Schüler in sechs Klassen). Der Eisleber Lehrplan ist somit älter als der von Philipp Melanchthon 1527 für die sächsischen Visitationsartikel entworfene Lehrplan, der für die höheren Schulen des 16. Jahrhunderts vielfach als Muster gegolten hat. Vermutlich hat aber auch Philipp Melanchthon den Eisleber Lehrplan verfaßt, und Johann Agricola und Hermann Tulich veröffentlichten ihn lediglich, denn die inhaltliche

Johann Agricola
Kupferstich
Nachdruck
um 1780

Übereinstimmung mit Lehrplänen, die von Philipp Melanchthon später für Nürnberg (1526), Kursachsen (1527), Köln, Soest (1543) und Mecklenburg (1552) veröffentlicht wurden, ist sehr groß – oftmals stimmen sie wörtlich überein. Wie in Melanchthons Visitationsartikeln geschieht die Einteilung der Schüler in drei Klassen oder »Haufen«. Der Inhalt des Eisleber Lehrplanes wird ausführlich in den Beiträgen von Siegfried Bräuer und Gerhard Anhardt behandelt.

Agricola selbst unterrichtete in der mittleren und oberen Klasse. Besonders gern vermittelte er den Komödienautor Terenz und erteilte, sofern er nicht auf Reisen war, den gesamten Religionsunterricht.
Während seiner elfjährigen Tätigkeit als Rektor der Lateinschule in Eisleben beschäftigte er sich auch schriftstellerisch. Seine Arbeit sichert ihm einen Platz in der deutschen Nationalliteratur. Er gab die erste Sammlung deutscher Sprichwörter heraus. 1528 sammelte und bearbeitete er zunächst »Dreihundert Sprichwörter«, die 1529 erschienen. Noch in demselben Jahre folgte »Das andere Teil gemeiner deutscher Sprich-

Justus Jonas
anonymer Kupferstich 1555
(Universitäts- und Landesbibliothek Halle-Wittenberg
Abt. Sondersammlungen:
Vc 137 J 22 f)

wörter«, das 450 neue enthielt. Beide gab er 1534 vereint heraus, »750 Sprichwörter«. 1548 erschien eine dritte Sammlung »Fünfhundert gemeiner neuer deutscher Sprichwörter«. Erasmus von Rotterdam hatte Sprichwörter von griechischen und lateinischen Klassikern gesammelt, Agricola sammelte Sprichwörter der deutschen Sprache. Er war sich bewußt, daß er mit seiner Sammlung nicht nur auf ein positives Echo stoßen würde. Die Kritik an der Sammlung blieb nicht aus. Sie richtete sich gegen die zu breite Auswahl. Ein Sprichwort sollte Lebensweisheiten lehren, aber auch eine volkstümliche Form haben und im Volksmund im Gebrauch sein. Agricola nahm auch eine große Anzahl dichterischer Aussprüche auf, faßte selbst praktische Lebensweisheiten in einem Spruch zusammen (beide Gruppen sind keine Sprichwörter). Unpassend ist, daß er Wort- und Sacherklärungen zu einzelnen Sprichwörtern gibt. Trotz aller Mängel besteht aber das große Verdienst Agricolas darin, daß er in seinen Sprichwörtern den Reichtum deutscher Sprache hervorhebt. Mit seinen Sprichwortsammlungen hat Agri-

Alphabet, Anleitung für Lehrer, wie den Kindern das Alphabet nahezubringen ist
Magdeburg 1603
(Marienbibliothek Halle)

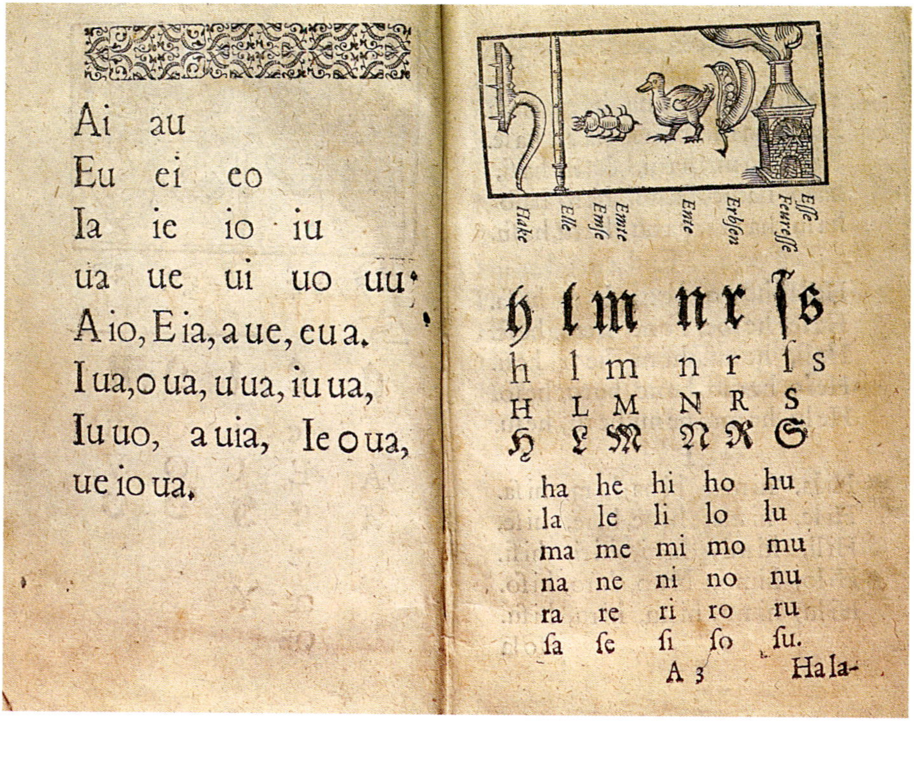

cola Volkslesebücher geschaffen, die für Gelehrte und den einfachen Mann, für alt und jung, einen reichhaltigen Stoff praktischer und religiöser Lebensweisheiten darboten. Schon vor Agricola wurden Sprichwortsammlungen herausgegeben, aber er unterscheidet sich mit seiner Sammlung von den anderen Schriftstellern dadurch, daß er die

Johann Agricola Fünfhundert gemainer neuer teutscher Sprüchwörter o. O. 1548 (Marienbibliothek Halle)

nationale Bedeutung der Sprichwörter erkennt und betont. Er weist ihre Entstehung und Bedeutung nach und erläutert sie, er bestimmte seine Sammlung für das ganze Volk. Eine kleine Auswahl soll dies verdeutlichen:

»Hans Dampf in allen Gassen«
»Recht geht vor Macht«
»Es ist nicht darauf zu bauen«
»Wie gehts, wie stehts«
»Wer nicht Kinder hat, der weiß nicht, warum er lebt«
»Alter schadet vor Torheit nicht«
»Untreue wird gern mit Untreue bezahlt«
»Wer da schweigt, der willigt ein«
»Wer sich entschuldigt, eh man fragt, der muß ein böses Gewissen haben und beschuldigt sich selbst«
»Mit Stillschweigen kann man viel verantworten«
»Ein jeder sucht seines gleichen«
»Irren ist menschlich, aber im Irrtum verharren ist teuflisch«
»Reiche und Arme müssen beieinander sein, der Herr hat sie alle gemacht«
»Unter dem krummen Stabe und unter den Frauen ist gut wohnen«
»Wer wenig kann, ist am besten dran«

Während seiner Eisleber Zeit ließ er katechetische Schriften drucken, die vor Martin Luthers Katechismus Bedeutung für den reformatorischen Geschichtsunterricht hatten. Als geachtete Persönlichkeit geleitete er Kurfürst Friedrich Johann von Sachsen auf die Reichstage zu Speyer (1526) und Augsburg (1530). 1527 geriet Agricola mit Melanchthon und 1537 mit Luther über die Rechtfertigungslehre (Buße, Dekalog) in einen theologischen Streit, der zum Zerwürfnis führte. Agricola verkündete gleiches Recht für alle Stände und beide Geschlechter.
1536 verließ Agricola Eisleben wegen ausgebrochener Unstimmigkeiten mit Graf Albrecht IV. Einmal waren die Ansichten beider in politischen Fragen unterschiedlich. Während Albrecht IV. Waffengewalt zur Verteidigung des Glaubens einsetzen wollte, negierte Agricola dies völlig. Zum anderen waren die 120 Gulden, die Albrecht Agricola für seine Tätigkeit zahlte, zu gering, um die auf elf Köpfe angewachsene Familie zu ernähren. Agricola ging nach Wittenberg, wo er an der Universität Vorlesungn hielt. Hier veröffentlichte er eine Reihe von Schriften und Thesen, in welchen er seine frühere Meinung wiederholte und Luther und Melanchthon kritisierte. So veröffentlichte er 1538 anonym eine von Luther verurteilte, Verherrlichung des tschechischen Märtyrers, die »Tragedia Johannis Huss« (Die Tragödie des Jan Hus).
Auf dem Gebiet der Bildung wurde er zum Verfechter der reformatorischen Gleichheitsidee und zu einem frühen Vorkämpfer der Frauenemanzipation. Agricola war ein Lutheraner besonderer Art. Als Martin Luther nach dem Bauernkrieg beim Aufbau

der neuen Kirche seine frühreformatorischen Gedanken korrigierte, hielt Agricola an diesem Gedankengut fest. Er trat seit 1527 gegen religiöse Gesetze ein und wurde somit das Haupt der »Antinomer« oder »Gesetzesstürmer«. Aus Agricola wurde ein Reformator, der einen anderen Weg ging als Luther. Er wollte die frühreformatorische Linie Luthers weiterführen und geriet damit auch im Gegensatz zum Legalismus Philipp Melanchthons.

Die Lehre von der Buße, so Agricola, darf nicht auf die zehn Gebote gegründet, sie muß allein aus dem Evangelium geschöpft werden, folglich hat das Gesetz innerhalb der evangelischen Verkündigung überhaupt keine Stelle mehr. Luther antwortete Agricola 1538 in fünf Disputationen und 1540 in einer sechsten. Er wollte das gesetzliche Moment nicht fallen lassen, sondern in einem organischen Verhältnis zum Evangelium aufrecht erhalten. Agricola war zunächst einsichtig. Als jedoch Luther in dieser Angelegenheit an den Eisleber Pfarrer Kaspar Güttel schrieb, erzürnte dieses Vorgehen Agricola dermaßen, daß er auf einem Konvent (30. März 1540) in Schmalkalden dem

Philipp Melanchthon anonymer Kupferstich um 1700 Größe: 25,4 x 20,6 cm sehr eng bis auf den Bildrand beschnitten (Universitäts- und Landesbibliothek Halle-Wittenberg Abt. Sondersammlungen: Vc 137 M 42 e) Als Vorlage diente das Melanchthonporträt von Lucas Cranach.

Kurfürsten und dem Mansfelder Grafen Albrecht IV. eine Beschwerdeschrift einreichte. Zunächst sollte zwischen Luther und Agricola ein gütlicher Vergleich herbeigeführt werden. Auf Befehl des Kurfürsten wurde jedoch am 15. Juni 1540 über Agricola eine gerichtliche Verfügung verhängt. Am 15. Juli 1540 wurde er aus der Haft entlassen und ging als Hofprediger an den Hof des Kurfürsten Joachim II. von Brandenburg nach Berlin. Joachim II. wollte den Streit beigelegt wissen und wandte sich am 17. September 1540 an Melanchthon, der die Ansicht vertrat, daß dazu ein an die Prediger und Bürger von Eisleben gerichteter Widerruf erforderlich sein müßte. Am 9. Dezember widerrief Agricola und bekannte sich zur Lehre Luthers und Melanchthons.

In Berlin griff er als Generalsuperintendent jedoch erneut in die kirchliche Bewegung ein. Der Kaiser, der nach der Beendigung des Schmalkaldischen Krieges den Weg der Verhandlung einschlug, benutzte Agricola für seine Ziele. Nach dem Sieg der Habsburger über Kursachsen und Hessen im Schmalkaldischen Krieg gab es erneut Bestrebungen, die Reformation zu vernichten. Es war Agricola, der als einziger zugelassener protestantischer Theologe im Augsburger Interim von 1548 eine Lösung fand. Als dem Repräsentanten des Protestantismus fiel ihm die undankbare Aufgabe zu, die Kapitulationsurkunde der Besiegten zu unterzeichnen. Damit verschaffte er der Reformation noch vor dem Augsburger Religionsfrieden von 1555 die Anerkennung durch Kaiser und Reich. Seine Ansicht von Gesetz und Evangelium vertrat er nun verstärkt während des Majoristischen Streites: Im Reich Gottes dürfe nur das Evangelium verkündet werden, weil in diesem zugleich die rechte Anleitung zur Buße enthalten sei.

Literatur:

FRIEDRICH ELLENDT, Geschichte des Königlichen Gymnasiums zu Eisleben. Eine Jubelschrift zur Feier seines dreihundertjährigen Bestehens, Eisleben 1846.

C.I. GERHARDT, Die höheren Schulen in Eisleben von 1525 bis 1600, in: Symbolae Islebienses. Festschrift zur Einweihung des neuen Gymnasialgebäudes am 31.10.1883, Eisleben 1883, S. 1-73.

RUDOLF HERMANN, Zum Streit um die Überwindung des Gesetzes. Erörterungen zu Luthers Antinomerthum, Weimar 1958.

GUSTAV KAWERAU, Johann Agricola von Eisleben, Berlin 1881 (dort weitere Literatur).

GÜNTER MÜHLPFORDT, Vision der deutschen Republik vor 450 Jahren, in: Zeitschrift für Geschichtswissenschaft, 32. Jg., Berlin 1984, S. 405-419 (dort weitere Literatur).

BODO NICKEL, Luthers Pädagogik und die Eisleber Lutherschulen, in: Martin Luther und das Mansfelder Land. Zum 500. Geburtstag Martin Luthers 1983, Eisleben 1983, S. 43-51.

JOACHIM ROGGE, Johann Agricola, in: Theologische Realenzyklopädie, Bd. 2, Berlin (W) 1978, S. 110-118 (dort weitere Literatur).

JOHANN AGRICOLA, in: Biographisch-Bibliographisches Kirchenlexikon, Bd.1, Herzberg 1990, Spalte 57-59 (dort weitere Literatur).

Erasmus Sarcerius (1501–1559) Protestantischer Schulmann, Theologe, Verfasser didaktischer Schriften

Erasmus Sarcerius, eigentlich Schürer, wurde am 19. April (?) 1501 im erzgebirgischen Annaberg als Sohn eines begüterten Metallhändlers geboren und starb als anerkannter Theologe am 28. November 1559 in Magdeburg. Er besuchte die Schule in Annaberg und Freiberg. In letzterer war er Schüler des Petrus Mosellanus. Wenig ist über seine Studienzeit bekannt, die er in Leipzig und Wittenberg verbrachte. In Wien wurde er zum Magister Artium promoviert. Anfang 1530 lebte er in Garsen (Diözese Leibach), wo er vermutlich die Priesterweihe empfing. Von Ostern 1530 bis Winter 1530/31 war er in Rostock als Lehrer an dem mit der Universität verbundenen Pädagogium tätig und Mitglied der Artistenfakultät. Danach wurde er in das reformierte Lübeck berufen und arbeitete als Konrektor an der im Katharinenkloster eingerichteten Stadtschule, die von Hermann Bonnus aus Herzogenbusch (Verfasser der Osnabrückischen Kirchenordnung 1543) geleitet wurde. Sarcerius unterrichtete Religion, Latein und Humaniora. Hermann Bonnus hatte großen Einfluß auf Sarcerius. Schon hier wirkte er im Sinne der von Melanchthon ausgegangenen Schulreform. Er machte sich bei der noch immer starken katholischen Partei unbeliebt und verließ deshalb sein von ihm über alles geliebtes Lübeck, ging nach Rostock, um dort an der Stadtschule zu unterrichten, dann nach Wien und Graz als Schulmann. Da er auch in der Steiermark Gefahr lief, verfolgt zu werden, zog er nach Lübeck zurück, wo er bis 1536 blieb. Im selben Jahr übernahm er auf Veranlassung Graf Wilhelms von Nassau-Dillenburg an der lateinischen Stadtschule in Siegen das Amt des Rektors. 1537 bestellte ihn der Graf zum Hofprediger und Superintendenten des Landes. Sarcerius reformierte die Grafschaft Nassau-Dillenburg. Als treuer Verfechter der lutherischen Lehre nahm er 1540 am Konvent in Schmalkalden teil und beeinflußte nachhaltig die Kirchenverbesserung in den Grafschaften Weilburg, Wiesbaden und in dem Vierherrischen, ein Gebiet, das die drei Grafen mit dem Landgrafen von Hessen gemeinsam regierten. Aktiv wirkte er 1543 gemeinsam mit Philipp Melanchthon, Kaspar Hedio und Gerhard Westerburg an der vom Kurfürsten Hermann von Köln im Erzstift Köln geplanten (von Martin Bucer begonnenen) Reformation mit. 1545 berief ihn Graf Philipp von Hanau zur Reformation der kirchlichen Verhältnisse ins Land Babenhausen, und 1546 war er bei einer Kirchenvisitation in Bonn zugegen.

Da Sarcerius das Augsburger Interim nicht unterschreiben wollte, mußte ihn Graf Wilhelm auf Befehl Kaiser Karls V. entlassen – er ging in seine Heimatstadt Annaberg, lebte dort amtlos, aber hielt Predigten über das »Kreuz der Frommen«. Er gab die Predigten 1549 unter dem Titel »Creutzbüchlein, darinnen vier vnd zwenzig Vrsachen vermeldet werden, warumb die reine Lere des Evangelij, trewe Prediger vnd frome christen, one Creutz vnd Leiden nicht sein mögen« (mit einer Vorrede Philipp Melanchthons) heraus. 1549 folgte er einem Ruf als Pfarrer an die Thomaskirche in Leipzig. Am 10. Juli 1551 unterschrieb er die »Repetitio Augustanae confessionis« mit, die dem Trienter Konzil vorgelegt werden sollte. Auf Befehl des Kurfürsten Moritz von Sachsen trat er mit Philipp Melanchthon und anderen die Reise nach Trient an, gelangte aber nur bis Nürnberg (Konzil kam durch die Kriegserklärung des Kurfürsten an den Kaiser nicht zustande). Hier hielt er mehrere Predigten und kehrte dann nach Leipzig zurück. Für den in der Schlacht bei Sievershausen gefallenen Kurfürsten Moritz hielt er am 20. Juli 1553 in der Leipziger Thomaskirche die Leichenrede. 1554 folgte er dem Ruf der Grafen von Mansfeld nach Eisleben und wurde Generalsuperintendent anstelle Georg Majors. Bereits 1554 hielt er eine Synode ab, auf der er die von

Erasmus Sarcerius Kupferstich 1559

Major aufgestellte Lehre von der Heilsnotwendigkeit der guten Werke verwarf. Auf einer zweiten Synode beschäftigte sich Sarcerius mit den Mißständen in den Kirchen des Mansfelder Landes. In der Eisleber Zeit bewährte er sich durch die Durchführung von Kirchenvisitationen und als Organisator des Kirchenregiments. Seine Gedanken faßte er 1555 in der Schrift »Von christlichen nötigen und nützen Consistorien oder geistlichen Gerichten Erasmi Sarcerii einfältiges Bedenken auf Erforderung, darinnen zu sehen, was für Händel in die Consistorien gehören und billig darinnen sollen gehandelt werden« zusammen. Die Schrift enthielt die Grundzüge der späteren Konsistorialverfassung. Die sittlichen Zustände in der Grafschaft beschreibt er in dem Werk »Von jährlicher Visitation und was hiedurch für Mängel und Gebrechen fast an allen Orten mögen befunden werden und wie dieselben sollen gebessert werden«. In Eisleben erschien 1555 auch die Schrift »Ein büchlein von dem banne vnd anderen kirchenstraffen, aus Gottes wort, aus apostolischer lere vnd thaten ...«. Im September nahm er an dem Wormser Religionsgespräch teil.

1559 gab er eine deutsche Confessio über die Streitigkeiten in der Kirche, im Namen der Pastoren der Grafschaft Mansfeld, heraus und teilte in dem selben Jahr sämtliche Pfarreien in Distrikte ein. Jeder Distrikt wurde einem Dekan unterstellt. Die Grafen bewog er, ein übergeordnetes Konsistorium ins Leben zu rufen. Da Sarcerius ohne Wissen der Mansfelder Grafen einen Geistlichen seines Amtes enthoben hatte, entzogen ihm die Grafen die Inspektion über die Geistlichen des Mansfelder Landes. 1559 nahm er die Pfarrstelle an der St. Johanniskirche in Magdeburg an. Sein Magdeburger Aufenthalt währte nur kurze Zeit. Bereits am 28. November 1559 starb er. Pfarrer S. Johann Wigand von der St. Ulrichskirche hielt ihm die Leichenrede.

In zahlreichen Bibelexegesen und -kommentaren, katechetischen Texten, Predigten und pädagogisch-didaktischen Schriften bezog er Stellung zu der interkonfessionellen Auseinandersetzung der Reformationszeit. Aber auch moralische und gesellschaftliche Themen wurden von Sarcerius literarisch bearbeitet. Aus dem außergewöhnlich produktiven Schaffen sollen einige Werke stellvertretend genannt sein.

1528 erschien in Basel eine König Heinrich VIII. von England gewidmete Schrift, die jener ins Englische übertragen ließ, mit dem Titel »Methodus divinae scripturae locos praecipuos explicans« (1540 zu einer Ausgabe erweitert und 1546 zu einer neuen Ausgabe umgearbeitet, die er dem Magistrat von Joachimsthal widmete).

Während seiner Tätigkeit als Lehrer verfaßte er nur pädagogische Schriften. Zum Beispiel »Exercitia dialectices et rhetorices« und 1533 »Libellus in usum puerorum qui primum exponere discunt«.

Später gab er theologische Schriften heraus: »Catechismus per omnes questiones et circumstantias, quae iustam tractationem incidere possunt, in usum praedicatorum diligenter ac pie absolutus« (1537). Neben Melanchthons Loci war es die erste ausführliche Glaubenslehre des deutschen Protestantismus. 1538 erschienen die »Loci aliquot communes theologici, pro aperienda et tuenda veritate methodice explicati«. Er behandelte hierin die Unterschiede zwischen der evangelischen und katholischen Religion.

1539 gab er Scholien zum Markusevangelium, eine »Postille zu den Sonntagsevangelien« und »Expositiones in epistolas dominicales et festivales« heraus. Sarcerius wollte mit diesen Schriften den Geistlichen Bücher nahebringen, die ihr Bildungsniveau erweitern sollten und sie befähigten, ihr kirchliches Amt sinnvoll auszuüben.
Die Lehren der Heiligen Schrift und des Augustin behandelte Sarcerius 1540 in der Schrift »Locorum communium ex consensu divinae scripturae et auctorum patrum confirmatio«.
1551 veröffentlichte er in Leipzig zwei Predigten »Zwo Predigten Erasmi Sarcerii, eine wider das Teuflische, vnordentliche, vnd vihische leben, so man in der Fastnachts zeit treibet. Vnd die andere vom Fasten«.
Vielbeachtet und weit verbreitet war das Herzog Johann Albrecht von Mecklenberg gewidmete »Hausbuch für die einfältigen Hausväter von den vornehmsten Artikeln der christlichen Religion« (1553). 1553 erschien »Ein Buch von heiligen Ehestande und von Ehesachen«, 1554 »Einer christlichen Ordination form und weise vnd was darzu gehörig«, 1559 »Pastorale oder Hirtenbuch, darinn das gantz Ampt allertrewer Pastoren, Lehrer, und Diener der Christlichen Kirchen, bei der jhr Lehr und leben belangend, beschrieben wird«.
In einigen Predigten mahnte er zur Buße und Besserung des Lebens: »Etliche Predigten von Zeichen und Ursachen, wo wir um nicht bessern und wahre Buße thun, es werde einmal übel mit uns Deutschen zugehen« (1551).

Literatur:

WILHELM BESTE, Die bedeutendsten Kanzelredner der lutherischen Kirche des Reformationszeitalters, Bd. 1, Leipzig 1856, S. 375–397.

GUSTAV ESKUCHE, Sarcerius als Erzieher und Schulmann, in: Schulprogramm Siegen, Siegen 1901.

HANS HOLSTEIN, Erasmus Sarcerius, in: Allgemeine deutsche Biographie, Bd. 30, Leipzig 1970, S. 727–729.

MAX KÖNNECKE, Die evangelischen Kirchenvisitationen des 16. Jahrhunderts in der Grafschaft Mansfeld, Eisleben 1907.

K. E. H. KRAUSE, Erasmus Sarcerius, in: Zeitschrift des Harzvereins, 21. Jg., Quedlinburg 1888, S. 426–428.

ROBERT STUPPERICH, Erasmus Sarcerius, in: Siegerland 44, 1967, S. 33–47.

REINHARD TENBERG, Erasmus Sarcerius, in: Biographisch-Bibliographisches Kirchenlexikon, Bd. 8, Herzberg 1994, S. 1361–1363.

Hieronymus Mencel (1517–1590)
Theologe, Schulmann

Hieronymus Menzel wurde am 22. Februar 1517 in Schweidnitz (Schlesien) als Sohn des Tuchmachers Hans und dessen Ehefrau Anna geboren. Bis zu seinem 18. Lebensjahre besuchte er die Schule in seiner Vaterstadt und sollte auf Wunsch des Vaters das Tuchmacherhandwerk erlernen. Im Jahre 1535 nahm ihn jedoch ein durch Schweidnitz reisender Adliger, der in Goldberg sein Studium absolvierte, mit nach Goldberg. An der dortigen Schule wurde er unter anderem von dem berühmten Schulmeister Valentin Trotzendorf unterrichtet. Unter Trotzendorf wirkte er später auch als Lehrer. Am 4. Oktober 1539 begab sich Mencel nach Wittenberg und hörte dort Martin Luther, Philipp Melanchthon, Justus Jonas, Bugenhagen und Caspar Cruciger. Auf Empfehlung Melanchthons ging er 1541 nach Leipzig. Im Haus des Dr. Bernhard Ziegler unterrichtete er acht junge Adlige und hörte an der Leipziger Universität Vorlesungen. Am 5. August 1542 übersiedelte er auf Fürsprache Joachim Camerarius nach Eisleben und unterrichtete an der von Johann Agricola und Justus Jonas gegründeten evangelischen Lateinschule. Gemeinsam mit anderen Lehrern trat er in die von Martin Luther und Justus Jonas 1546 gegründete »fürnehme" Lateinschule über. Neun Jahre war er als Lehrer in Eisleben tätig. Das Jahr 1551 sollte zu einem bedeutenden für Mencel werden – er promovierte in Wittenberg zum Magister und wurde Konrektor der Eisleber Schule. Graf Albrecht IV. von Mansfeld-Hinterort versetzte ihn am 17. März 1553 als Pfarrer an die Nicolaikirche. Nach Weggang des Superintendenten Erasmus Sarcerius beriefen ihn die Mansfelder Grafen zum Superintendenten der Grafschaft Mansfeld. Am 29. Mai 1560 wurde er in seinem Amt bestätigt. Mencel, der bei Trotzendorf und in seiner Tätigkeit als Lehrer viel gelernt hatte, leistete Bedeutendes für die Entwicklung der Eisleber Schule.

Nach Vollendung des neuen Schulgebäudes 1565 nahm er mit großer Sachkenntnis die Organisation des höheren Schulwesens in Angriff. Seine reichen pädogogischen Erfahrungen nutzte er bei der 1570 erfolgten Erarbeitung einer Schulordnung für Eisleben. Der in ihr enthaltene Lehrplan ist vollständig überliefert.

Mencel teilte die Schüler in sechs Klassen ein. Der Unterricht im Sommer wurde von 6 Uhr bis 9 Uhr, im Winter von 7 bis 10 Uhr und außerdem von 12 bis 15 Uhr erteilt. Mittwochs fiel die 2. Vormittagsstunde in den vier oberen Klassen wegen des Kirchganges aus, dafür fing der Unterricht eine Stunde früher an; die untersten Klassen gingen nicht in die Kirche und erhielten Mittwoch und Sonnabend nur eine Stunde. Auch die Stunde bis 13 Uhr fiel für die Sexta aus.

1. Sexta: 22 Stunden Unterricht. Schüler lernten lesen, und zwar den deutschen und lateinischen Katechismus nebst einigen Gebeten (ohne Erklärung), mußten ihn auswendig lernen, alle 2 Tage lernten sie daraus zwei lateinische Worte nebst der deutschen Übersetzung.

2. Quinta: 26 Stunden Unterricht. Während der Musikstunden der oberen Klassen empfingen die Schüler Unterricht im Schreiben; sie lernten den Katechismus mit Spangenbergs Erklärung, die lateinische Formenlehre nach »Donati Methodus« und Melanchthons Schulgrammatik; kurze lateinische Sittensprüche wurden erklärt und mußten am Sonnabend aufgesagt werden; die Sonn- und Festtagsevangelien und die Sprüche Jesus Sirachs sollten sie für sich lesen.

3. Quarta: 29 Stunden Unterricht. Nahm die Schüler auf, welche lesen, schreiben und etwas Latein konnten. Schüler hatten vormittags und nachmittags je 3 Stunden; mittwochs war nachmittags kein Unterricht und vormittags nur 2 Stunden. In den letzten Stunden wurde Spangenbergs Katechismus aufgesagt (wie in der Quinta). In der 1. Vormittags- und 2. Nachmittagsstunde der übrigen Tage wurde die lateinische Formenlehre durchgenommen; in der 2. Vormittagsstunde deklinierten und konjugierten die Schüler, in der 3. Nachmittagsstunde wurden Catonis Disticha Moralia und die lateinische Übersetzung der Salomonischen Sprichwörter erklärt. In der 3. Vormittagsstunde war die Quarta mit der Tertia verbunden, in der 3. Nachmittagsstunde wurde gesungen. Die leistungsstarken Schüler übersetzten kleine Sätze ins Lateinische. Der Sonnabend-Nachmittag verlief wie in der Tertia.

4. Tertia: 28 Stunden Unterricht. Schüler lernten die lateinische Formenlehre vollständig (nach Syntax von Melanchthon), lasen leichtere Schriftsteller (Ciceros Briefe, Fabeln des Phaedrus und eine Chrestomathie von locis communibus poetarum), mußten lateinisch sprechen. An den Montagen und Dienstagen um 6 (7) Uhr behandelte man die Etymologie, an den Donnerstagen die Syntax, am Freitag hatte die Tertia Kirche; 7 (8) Uhr wurden die »Loci communes poetarum Murmelii« analysiert, um 8 (9) Montag und Dienstag die lateinischen Sprichwörter Salomonis, Donnerstag und Freitag der Donatus vorgenommen (4 Stunden, empfingen Tertia und Quarta gemeinsam). 12 Uhr war Singstunde und 13 Uhr las man abwechselnd die »Loci communes« und Ciceros Briefe, 14 Uhr den Phaedrus. Mittwochs und sonnabends mußten die Schüler den lateinischen Katechismus hersagen. Die Schüler mußten wöchentlich ein Exercitium aus dem Deutschen und eine eigene Arbeit abliefern; sonnabends wurden gemeinsam von Tertia und Quarta die Sonntagsevangelien lateinisch gelesen.

5. Secunda: 28 Stunden Unterricht. Griechisch fing an, wiederholt und gefestigt wurde die lateinische Grammatik und Übung in der klassischen Lektüre und dem Lateinschreiben gefordert. Um 6 (7) Uhr wurde nach Melanchthon die lateinische Grammatik durchgegangen, Montag und Dienstag die Etymologie, Donnerstag und Freitag die Syntax. In der 2. Stunde wurde Anwendung davon auf den Vergil gemacht und das Metrische und die Eigentümlichkeiten der Sprache daran nachgewiesen. In der 3. Stunde wurde zweimal der Terenz gelesen, zweimal die griechische Grammatik in Anwendung auf die äsopischen Fabeln gelehrt. Am Nachmittag war um 12 Uhr Singstunde, um 13

Epitaph für die Familie des Superintendenten Hieronymus Mencel (1517–1590)
Heinrich Göding d. Ä.
Öl auf Holz
1569
Darstellung der letzten Ordination Luthers am 14. Februar 1546 in der St. Andreaskirche

Uhr zweimal Lesung von »Fabricii viri illustres sacrarum historiarum«, zweimal von »Vergilii Bucolica« oder S«abini poema de imperatoribus Germanicis«; in der 3. Stunde war die Klasse zur Lesung des Vergil und Cicero mit der Prima verbunden. Mittwochs wurde die lateinische Stilübung (2 x wöchentlich) verbessert, sonnabends um 7 Uhr Chytraens, der Katechismus, nachmittags um 15 Uhr die Sonntagsevangelien nach dem lateinischen Texte erklärt (gemeinsam mit der Prima). Zuweilen mußten die Schüler lateinische Verse abliefern.

6. Prima: 30 Stunden Unterricht. Schüler erhielten keinen Unterricht mehr in der lateinischen Etymologie, teilweise aber wurde sie wiederholt; die Syntax mit Zuziehung des Linacer de structura sermonis Latini vervollständigt, Prosodie und Metrik und die verschiedenen Gedichtformen gelehrt, Erlernung des Griechischen durch Lesung des Homer, Hesiod, Phocylides, Theognis, Isocrates (ad Demonicum), Erklärung des Neuen Testaments, Rhetorik und Logik (nach Melanchthons Lehrbüchern) sorgfältig eingeübt. Die Stunde um 6 (7) Uhr war Montag und Dienstag auf die Lesung und Analyse des Vergil verwendet, Donnerstag und Freitag auf die lateinische Syntax, die 2. Stunde abwechselnd auf die griechische Syntax und auf die Lesung griechischer Schriftsteller, die 3. Stunde auf Erlernung der Logik und Rhetorik, wobei die Schüler Beispiele der Syllogismen, Perioden und Figuren ausarbeiten und dem Lehrer vorlegen mußten. Daran schloß sich die Erklärung der Horazischen Ars poetica an. Dialektik und Rhetorik sollten in einem Jahr beendet werden; 12 Uhr war Singstunde,

Philipp Melanchthon
J. Hering
Kupferstich um 1740
Größe: 14,9 x 9,9 cm Platte
(Universitäts- und Landesbibliothek
Halle-Wittenberg
Abt. Sondersammlungen: Vc 137 M 42 f)
Als Vorlage diente der Kupferstich von Albrecht
Dürer aus dem Jahre 1526.

13 Uhr Prosodie, verbunden mit der Lesung des Horaz oder Ovid in den ersten zwei, des Terenz in den letzten zwei Tagen, um 14 Uhr zweitägig Ciceros Briefe (beides zugleich für die Secundaner). Mittwochs und donnerstags wurden die lateinischen Arbeiten verbessert, auch sonnabends früh die Augsburgische Confession, nachmittags um 15 Uhr die Sonntagsevangelien erklärt. Hienzu kamen als Privatlektionen Homer für die leistungsstarke Schüler, außerdem die Geschichten des Neuen Testaments und das Hebräische (auch für die Secunda).
Außerordentlichen Unterricht im Rechnen erteilten die Lehrer jährlich abwechselnd. In den 3 oberen Klassen sollte nur lateinisch gesprochen werden, wer dagegen handelte, wurde bestraft, besonders durch das Auswendiglernen von Versen. Die größeren Schüler konnten sich hiervon durch eine Geldstrafe loskaufen (zum Wohle der Schule verwandt). Die Primaner arbeiteten wöchentlich zwei diktierte Exercitien aus, außerdem lateinische Gedichte, einige Übersetzungen aus dem Deutschen, lateinische Briefe, auch rhetorisch und dialektisch durchgeführte und genau zu disponierende Ausarbeitungen. In den unteren Klassen sollten die Exercitien die unmittelbare Anwendung des Gelesenen oder in der Grammatik Erlernten gewähren.

Stundenplan von 1570

Die Stundenzahl (Pericopenstunden mitgerechnet) betrug in der:

Prima:	30 Stunden
Secunda:	28 Stunden
Tertia:	28 Stunden
Quarta:	29 Stunden
Quinta:	26 Stunden
Sexta:	22 Stunden
gesamt:	163 Stunden

Davon gingen durch Kombination ab in der:

Prima und Secunda:	5 Stunden
Tertia und Quarta:	4 Stunden
Quinta und Sexta:	10 Stunden

Die 4 oberen Klassen bildeten 2 Singklassen. In den 4 Korrekturstunden für die Prima und in den beiden für die Secunda wurden je 2 Lehrer eingesetzt. Außer dem Besuch der Sonntags- und Wochenkirchen war für die 4 oberen Klassen alle Montage vor dem Unterricht ein Morgengebet in der Kirche angeordnet, 15 Uhr ein Abendgebet. Die beiden untersten Klassen hielten ihre Andacht im Schulzimmer. Der Quartus hatte alle Sonnabende eine Anzahl Quartaner zum Hersagen des Katechismus nach der

Sonntagskirche auszuwählen. Der Septimus und Octavus hatte mit den Kantoren abwechselnd die bei den Festen üblichen Responsorien in der Kirche anzuschreiben und mit den Currendanern auszuüben.

Die Schulordnung blieb im Wesentlichen bis in das 18. Jahrhundert hinein in Anwendung. In ihrem inhaltlichen Aufbau glich sie besonders der im gleichen Jahr entstandenen Breslauer Schulordnung, die ebenfalls von einem Schüler Valentin Trotzendorfs, Petrus Vincentius, erarbeitet wurde. Vier Jahre vor seinem Tode errichtete Mencel noch eine lateinische Schule in der Neustadt von Eisleben. Mencel gehörte zu den Theologen, die sich mit Feuereifer in das theologische Kampfgetümmel in der 2. Hälfte des 16. Jahrhunderts stürzten. Er wurde zum erbitterten Gegner von Cyriakus Spangenberg in dem seit den siebziger Jahren eskalierenden Erbsündestreit. Hieronymus Mencel stand auf der Seite der Substantianer, die die Meinung vertraten, das die Erbsünde der Natur des Menschen nur Accentielles, also von außen Herangetragenes anhafte. Als Generalsuperintendent der Grafschaft Mansfeld hatte Mencel einen großen Anteil daran, daß Cyriakus Spangenberg für immer das Mansfelder Land verlassen mußte. Er gab mehrere Berichte und Schriften heraus: Kurze Erklärung der Psalmen, Erklärung der Sonn- und Festtagsevangelien, Hochzeitspredigten und allerlei Schriften wegen des Flacianischen Streites. In Johann Georg Leuckfelds »Historia Spangenbergensis" sind Briefe von Mencel abgedruckt. Hieronymus Mencel starb am 25. Februar 1590 in Eisleben. Die Leichenpredigt hielt ihm M. Augustinus Tham, Pfarrer der St. Andreaskirche.

Literatur:

Johann Alberto Bieringen, Clerus Mansfeldicus, 1742.

Friedrich Ellendt, Geschichte des Königlichen Gymnasiums zu Eisleben, Eisleben 1846.

C. J. Gerhardt, Die hoheren Schulen in Eisleben von 1525 bis 1600, in: Symbolae Islebiensis. Festschrift zur Einweihung des neuen Gymnasialgebäudes 1883, Eisleben 1883, S. 1-42, 48-73.

Gustav Kawerau, Zur Schul- und Kirchengeschichte Eislebens aus den Jahren 1525-1536, in: Zeitschrift des Harzvereins, 12. Jg., 1879, S. 213 ff.

Johann Georg Leuckfeld, Historia Spangenbergensis, Quedlinburg und Aschersleben 1712.

Reinhold Vormbaum, Die evangelischen Schulordnungen des 16. Jahrhunderts, Gütersloh 1860.

Moritz Heling (1523-1595)
Theologe, Pfarrer

(Text: Walter Müller)

Über die Jugendjahre des am 21. September 1523 in Friedland (Preußen) als Sohn einer verarmten Adelsfamilie geborenen Moritz (Mauritius) Heling (auch Heiling bzw. Helling) ist nur wenig überliefert. Den Vornamen erhielt er aufgrund seines Tauftages (22.9. – Mauritius); er besuchte die Schulen in Friedberg, Königsberg (seit 1536) und Elbing, bevor er ab Ostern 1542 in Frankfurt/O. das Studium begann.

Bereits im September 1543 ist er aber in die Wittenberger Matrikel als »Mauritius Heiling Friedlandensis Prutenus« eingetragen; er rühmte sich später mehrfach, Schüler von Luther und Melanchthon gewesen zu sein. 1545 war Heling kurzzeitig als Lehrer in Halle tätig; aber schon im September 1547 ist er wieder in Wittenberg im Umkreis von Melanchthon nachweisbar. Seit dem 18. September 1548 war er Magister und ab 1549 auf Empfehlung Melanchthons anstelle des kurz nach der Pensionierung am 12. August 1550 verstorbenen Andreas Kegel Rektor in Eisleben. Ein Angebot zur Übernahme des Rektorats am Pädagogium in Stettin schlug Heling 1553 aus. Wegen Verdachts des Majorismus wurde er 1554 abgesetzt und kehrte zum dritten und letzten Mal nach Wittenberg zurück, bevor er am 8. Oktober 1555 auf erneute Empfeh-

Moritz Heling (Helling)
Melchior Roth
Kupferstich
Aus C. Chr. Hirsch, A. Würfel,
Lebensbeschreibung aller Herren Geistlichen,
welche in der Reichsstadt Nürnberg seit der
Reformation ...,
Nürnberg 1756

lung von Philipp Melanchthon als Superintendent und Pfarrer zu St. Sebald nach Nürnberg berufen wurde. In der freien Reichsstadt Nürnberg erwarb sich Heling besondere Verdienste bei der Einführung des Katechismusunterrichts und war als treuer Anhänger und Verehrer Melanchthons bekannt. Dadurch mit hineingezogen in die Streitigkeiten des sogenannten Philippismus wurde Heling am 2. März 1575 laut Überlieferung »noch bey guten Kräfften« zwangsweise emeritiert, durfte jedoch seinen Superintendententitel noch führen und erhielt auch sein volles Gehalt weitergezahlt. Insbesondere 1577 als Mitverfasser der Nürnberger Zensur des Bergischen Buches und bei der Stiftung und ersten Einrichtung der Akademie an der späteren Universität Altdorf konnte sich Heling auszeichnen. So sorgte er für die Einrichtung mehrerer Stipendien und führte weiterhin die Aufsicht über Buchläden. Er war verantwortlich für die Zensur der Meßkataloge in Nürnberg. Seit Anfang der achtziger Jahre ging jedoch Helings Einfluß auf die Geschicke Nürnbergs spürbar zurück, und er »lebte« vom Ruhm, einer der treuesten Anhänger Melanchthons gewesen zu sein.

Dreimal verheiratet hatte er insgesamt 20 Kinder, davon starben aber mehrere kurz nach der Geburt. Seine erste Frau Eva war die Tochter des Eisleber Bürgers Justus Koler und hinterlassene Witwe Paul Hübschers aus Leipzig. Sie starb bereits am 16. 2. 1555 nach der Geburt der ersten Tochter. Ein Sohn studierte seit Mai 1567 in Wittenberg. Er trug sich, wohl um seine Abstammung von seinem damals sicherlich noch namentlich an der Wittenberger Universität bekannten Vater hervorzuheben, in die Matrikel als »Paulus Hellingius Noribergensis filius m. Mauritii Hellingii concionatoris Noribergensis ad s. Sebaldum« ein.
Von seinen Schriften – in der Mehrzahl Gelegenheitsgedichte biblischen Inhalts, Leichenpredigten sowie lateinischen Reden – ist heute kaum noch etwas bedeutsam.
Gestorben ist Moritz Heling am 2. Oktober 1595 in Nürnberg.

Literatur:

Allgemeine deutsche Biographie, Bd. 11, Leipzig 1880, S. 690.

G. A. WILL, Nürnbergisches Gelehrtenlexikon ..., 2. T., Nürnberg/Altdorf 1756, S. 80–84.

Georg Major (1502–1574)
Professor der Theologie in Wittenberg

(Text: Walter Müller)

Am 25. April 1505 in Nürnberg geboren, wurde Georg Major (eigentlich Maier, auch Meyer) neunjährig 1511/12 in Wittenberg immatrikuliert. Er war zunächst kurfürstlicher Sängerknabe und begann sein reguläres Studium 1521. Bereits am 31. März 1522 erwarb er den akademischen Titel eines Baccalaureus, und wohl noch im Oktober 1523 wurde er Magister. Von seinen Lehrern Luther und besonders Melanchthon gefördert, publizierte er 1526 seine ersten Schriften.

Am 10. August 1528 heiratete Major Margarete von Mochau aus Seegrehna bei Wittenberg, und 1529 wurde er Schulrektor des Johannesgymnasiums in Magdeburg. Durch die Erstellung einer vielgelobten Schulordnung, die Aufführung von Schultheaterstücken unter seiner und Joachims Griffs Leitung sowie die Herausgabe mehrerer philologischer und religiöser Schriften für Schulzwecke wurde er schnell bekannt. Ostern 1537 kehrte Major als Prediger an die Wittenberger Schloßkirche zurück, wo ihn Luther am 7. Oktober 1537 ordinierte. Er mußte fünfmal wöchentlich predigen und wurde am 18. Dezember 1544 von Luther zum Dr. theol. promoviert. Kurz darauf (am 31. Mai 1545) in die Wittenberger Theologische Fakultät aufgenommen, gab

Georg Major
Holzschnitt
1562

er als Theologieprofessor, der sowohl an der Artistischen als auch der Theologischen Fakultät lehrte, aus Zeitmangel bald sein Predigeramt offiziell auf. Durch Luther ist bezeugt, daß Major gern gehört wurde.
Als im November 1546 die Universität Wittenberg aufgelöst wurde, ging Major zunächst nach Magdeburg und floh nach der Niederlage von Mühlberg im Mai 1547 mit Frau und zehn Kindern sowie Melanchthons und Luthers Familien über Braunschweig bis Gifhorn und landete schließlich in Nordhausen.
Erst Anfang März 1548 kehrte er wieder nach Wittenberg zurück. Von seinen zahlreichen und teils in mehreren Auflagen erschienenen Schriften sind besonders eine Monographie über die Heilige Schrift »De origine et autoritate verbi dei« aus dem Jahre 1550 und eine 1551 erschienene gelehrte Widerlegung der römischen Messe und Heiligenverehrung (»Refutatio horrendae prophanationis coenae domini«) hervorzuheben. In der Nachfolge von Georg Rörer übernahm Major ab März 1551 bis zu deren Vollendung 1559 zudem die Herausgabe der neunzehnbändigen Wittenberger Lutherausgabe.
Zeitweilig war Major auch als Superintendent der Grafschaft Mansfeld in Eisleben tätig (Dezember 1551–Ende 1552), kehrte aber aufgrund von heftigen Auseinandersetzungen wieder in seine Wittenberger Ämter zurück. Gerade in Eisleben erreichte der nach ihm benannte und unerbittlich geführte sogenannte »majoristische Streit« seinen Höhepunkt. Ausgangspunkt war die Streitschrift von Nikolaus von Amsdorff aus dem Jahre 1551, worin Major der Verfälschung der Rechtfertigungslehre beschuldigt wurde. Mit mehreren Schriften wehrte er sich dagegen, wobei er einräumte, sich mißverständlich ausgedrückt zu haben. An seinem Anliegen hielt er jedoch fest.
Major war nach Bugenhagens Tod 1558 bis zu seinem eigenen Ableben Dekan der Wittenberger Theologischen Fakultät und übte außerdem das Rektoramt viermal aus.
Seit etwa 1572 war Gregor Major fast ständig krank und nur selten in der Lage, das Bett zu verlassen. Am 28. November 1574 wurde er im 73. Lebensjahr von seinen Leiden erlöst und wenige Tage später in der Wittenberger Schloßkirche feierlich beigesetzt. Obgleich Major wegen des nach ihm benannten Streites in die Theologiegeschichte einging, bestehen seine Verdienste vor allem in der Vollendung der Wittenberger Lutherausgabe. Er zählte zu den bedeutendsten Vertretern der zweiten Generation der Wittenberger Reformatoren. Noch zu seinen Lebzeiten erschien 1569/70 eine erste kleine dreibändige Werkausgabe seiner Schriften.

Literatur

Neue Deutsche Biographie, Bd. 15, 1987, S. 718–719.

Heinz Scheible, Georg Major, in: Theologische Realenzyklopädie, Bd. 21, Berlin 1991, S. 725–730.

Nordhausen: eine Zuflucht Melanchthons 1547
Das Epitaph des Michael Meienburg (1555) mit Erasmus im Kreise der Reformatoren
Gemälde Lucas Cranach d. J.
1558
Nordhausen, St. Blasii, Original 1945 beim Bombenangriff verbrannt; ebd. Kopie von Robert Häusler
(Aufnahme: Landesbildstelle Baden)

Johann Spangenberg (1484–1550)
Theologe und Pädagoge

Johann Spangenberg (lat. Hardesianus) wurde als jüngster Sohn des Handwerkers Tilemann Spangenberg am 29. März 1484 in Hardegsen bei Göttingen geboren. Die Eltern ermöglichten ihm ab 1501 in Göttingen den Schulbesuch. Hier beschäftigte er sich mit der Mnemonik (Kunst, das Gedächtnis durch Hilfsmittel zu unterstützen). Über die Mnemonik veröffentlichte er 1539 die Schrift »Artificiosae memoriae libellus, in usum studiosorum collectus«. Im Jahre 1502 besuchte Spangenberg die Einbecker Schule, erhielt durch einen Meßner Unterricht im Gesang und durch einen Kürschner im Meistergesang. Später unterrichtete er einige Zeit an der Stiftsschule in Gandersheim. 1508/09 studierte er an der Universität in Erfurt und hörte Vorlesungen bei dem neulateinischen Lyriker und Gelehrten Eobanus Hessus; 1511 wurde er Baccalaureus und promovierte später an der Erfurter Universität zum Magister. Mehrere Jahre unterrichtete er dann in Erfurt. 1520 berief ihn Graf Botho von Stolberg nach Stolberg/Südharz, wo er von 1520–1524 das Amt des Rektors der Lateinschule innehatte und außerdem Mittagspredigten an der Martinikirche hielt. Er bekam die Vikarie des Altars St. Eustachii in der Kirche. Ihre Einkünfte durfte er zeitlebens genießen. Bereits in Stolberg machte er sich einen Namen als Verfechter lutherischer Lehre und als Prediger des Evangeliums. Im Jahre 1524 siedelte Spangenberg in die reichsfreie Stadt Nordhausen über und erhielt vom Rat der Stadt die Predigerstelle an der St. Blasii Kirche. Dieses Amt übte er 22 Jahre bis 1546 erfolgreich aus. Hier heiratete er 1527 die Nordhäuser Waise Katharina Grau (1576), mit der er sechs Kinder hatte. Da die Stiftsschule und städtische Jakobsschule in Nordhausen, durch die Wirren des Bauernkrieges, völlig darniederlagen, unterrichtete er zunächst Schüler in seinem Haus. Vom Rat der Stadt erhielt er den Auftrag, das städtische Schulwesen neu zu organisieren, was ihm auch bis 1531 – nicht zuletzt durch die Unterstützung des Syndikus Michael Meienburg – gelang. Über die fruchtbare Zusammenarbeit mit Meienburg und dem Rat der Stadt schrieb er in seiner 1541 in Wittenberg erschienenen Schrift »Von den Worten Christi Matth. XIII: Lasset beides miteinander aufwachsen bis zur Ernte«. Der Rat richtete 1525 im Dominikanerkloster eine neue Lateinschule ein, und Spangenberg fiel es nicht schwer – bedingt durch seine engen Kontakte zu den Wittenberger Gelehrten, wie z. B. Basilius Faber, Johann Gigas, Michael Neander – geeignete Lehrer zu finden. Für den Unterricht erarbeitete er selbst mehrere Lehrbücher. Neben der bereits genannten »Mnemonik«, eine »Prosodia in usum juventutis Northusanae« (1535); eine »Grammaticae latinae ... in pueriles quaestationes versae«, 1541 erweitert zu »Trivii erotemata, hoc est, Grammaticae, Dialecticae, Rhetoricae« – sie fand wiederholte Auflagen. 1534 gab er die Scherzschrift »Andreas Guernas Bellum grammaticale« neu heraus. Spangenbergs Anliegen war es auch, die Jugend zum Singen anzuleiten. 1542 erschien in Wittenberg sein Werk »Quaestiones musicae in usum scholae Northusanae«. In den Jahren 1543 und 1544 veröffentlichte er zwei Sammlungen von Kirchenliedern »Alte und neue geistliche Lieder und Lobgesänge von der Geburt Christi« und »Cantiones ecclesiasticae«. 1542 widmete er den Lateinschülern sein »Psalterium carmine Elegiaco redditum«. Seine großen Bemühungen, die Jugend auch in religiösen Dingen zu unterweisen, kamen in der 1544 vollendeten »Postille ... Für die jungen Christen, Knaben und Meidlein, jnn Fragestücke verfasset« zum Ausdruck (Martin Luther schrieb das Vorwort), die Schrift wurde ins Lateinische, Niederdeutsche und Böhmische übersetzt. Dieses Predigerbuch, das sein großes pädagogisches Geschick verdeutlicht, gehörte neben Luthers Predigerbuch zu den bedeutendsten. Es erlebte in der Zeit vom 16. bis 18. Jahrhundert kaum zu zählende Auflagen. Weitere Schulschriften, die auf Texten Wittenberger Reformatoren beruhten und in Form von Frage und Antwort niedergeschrieben wurden, erreichten Langzeitbedeutung. 1540 kam die »Margarita theologica« (Perle der Theologie) in lateinischer Sprache für Kirchenbedienstete heraus. Sie lehnte sich an Philipp Melanchthons »Loci communes« an und wurde noch zu Lebzeiten Spangenbergs in mehrere Sprachen übersetzt (1542 ins Deutsche, 1548 ins Englische, nach seinem Tod 1558 ins Dänische und Schwedische). Im Jahre 1541 erschien (ebenfalls in Frage und Antwort) eine Ausgabe von Luthers Großem Katechismus (1551 mit einem Vorwort Justus Jonas; 1544 und 1546 in Latein und 1558 in Niederdeutsch).

Aber nicht nur als Schulmann und durch seine Lehrbücher wurde Spangenberg bekannt, sondern auch durch sein theologisches Wirken. Er, der Freund Martin Luthers und Philipp Melanchthons, genoß als Prediger in Nordhausen ein hohes Ansehen. Auf Befehl des Grafen Ernst von Honstein und in Zusammenarbeit mit dem honsteini-

Johann Spangenberg nach einem Holzschnitt 2. Hälfte 16. Jh.

schen Kanzler Heinrich Rosenberg führte er die Reformation in Nordhausen ein. Unter den zahlreichen asketischen und Erbauungsschriften ragen besonders heraus: »Neu Trostbüchlein für die Kranken und wie sich ein Mensch zum Sterben bereiten soll« (1543) und »Vom christlichen Ritter, mit was Feinden er kämpfen muß« (1546). Mehrfach erfolgte ein Ruf des hervorragenden protestantischen Theologen an andere Kirchen und Schulen (1542 an die St. Ulrichskirche in Magdeburg; 1543 an die Königsberger Partikularschule). Spangenberg lehnte ab. 1546 mußte er jedoch Nordhausen verlassen. Martin Luther hatte bei seinem letzten Aufenthalt 1546 in Eisleben den Mansfelder Grafen geraten, Spangenberg als Generalsuperintendenten für das Mansfelder Land zu berufen, um die Zwistigkeiten, die an allen Kirchen und Schulen bestanden, beizulegen. Der 62jährige Spangenberg ging im Juni 1546 nach Eisleben, wurde Prediger an der St. Andreaskirche und Generalsuperintendent der Grafschaft Mansfeld. In letzter Tätigkeit ordinierte er unter anderem den lutherischen Streittheologen Johann Wigand. Nur kurze Zeit währte der Eisleber Aufenthalt. Nach vierjähriger erfolgreicher Tätigkeit starb er am 13. Juni 1550. Von seinen vier Söhnen studierten drei Theologie: Konrad, Michael und Cyriakus, der Chronist des Mansfelder Landes. Sein Sohn Jonas ergriff den Beruf eines Arztes.

Literatur

Fritz Behrend, Die Spangenbergs, in: Zeitschrift für Kirchengeschichte, Bd. 56, 1937, S. 114–123.

Dieter Fauth, Johannes Spangenberg, in: Biographisches-Bibliographisches Kirchenlexikon, Bd. 10, Herzberg 1995, Spalte 874–880 (dort auch die Werke und weitere Literatur).

Gustav Kawerau, Johannes Spangenberg, in: Realenzyklopädie für protestantische Theologie und Kirche, Bd. 18, Leipzig 1906, S. 563–567.

Elisabeth Schwarze-Neuß, Cyriakus Spangenberg bleibt unvergessen, in: Mansfelder Blätter 8, Eisleben 1989, S. 39–43.

Robert Stupperich, Johann Spangenberg, in: Reformatorenlexikon, Gütersloh 1984, S. 197–198.

Paul Tschackert, Johann Spangenberg, in: Allgemeine Deutsche Biographie, Bd. 35, Leipzig 1893, S. 43–46.

Cyriakus Spangenberg (1528–1604)
Chronist, Geschichtsschreiber

Otto Wiedemann würdigte in einem Gedicht die historiographischen Leistungen Cyriakus Spangenbergs, die er für das Mansfelder Land erbracht hat:

Wohl sein Name ist bekannt;
aber was er uns gegeben,
wenige nur wissen drum –
und doch zeugt's von heißem Leben.

Tot wär' die vergang'ne Zeit
tot, was einstmals ist gewesen,
tot, was vordem ist geschehn,
wär' bei ihm es nicht zu lesen.

Wenn ihn heut die Heimat ehrt,
ist's der Heimat nur zur Ehre,
hätt' er nicht geforscht, geschürft,
sie um vieles ärmer wäre.[1]

Elisabeth Schwarze-Neuß schrieb über den Charakter Spangenbergs: »... daß wir es bei ihm mit einer Renaissancepersönlichkeit zu tun haben, die sich nicht nur durch ihre vielseitige Gelehrsamkeit und ihre immense Arbeitskraft, sondern auch durch eine besondere ausgeprägte Persönlichkeitsstruktur, durch Kampfgeist und Überzeugungstreue auszeichnet. In späteren Jahren scheinen der Kampfgeist zu Streitsucht, die Überzeugungstreue zu Starrsinn und Rechthaberei entartet zu sein ...«.[2]

Am Sonntag, Trinitatis, den 7. Juni 1528, wurde Spangenberg als Sohn des an der St. Blasiikirche wirkenden Pfarrers Johann Spangenberg in Nordhausen geboren. Er war zweimal verheiratet. Am 9. Februar 1552 ehelichte er Eva, die Tochter des Eisleber Ratsherren Urban Moshauer; aus der Ehe ging eine Tochter hervor. Noch vor dem 6. März 1557 muß er eine zweite Ehe geschlossen haben, in der zehn Kinder geboren wurden, von denen drei Töchter und sechs Söhne am Leben blieben. Sein Vater, ein bedeutender Theologe und Pädagoge der Reformationszeit, unterrichtete zunächst selbst seinen hochbegabten Sohn. Später besuchte jener die von seinem Vater 1525 gegründete Lateinschule in Nordhausen. Mit vierzehn Jahren erlangte er bereits Universitätsreife und nahm am 2. Februar 1542 an der Wittenberger Universität ein Philosophie- und Theologiestudium auf. Während seines Studiums bildete sich ein freundschaftliches Verhältnis zu Martin Luther und Philipp Melanchthon heraus. Zeit seines Lebens verfocht er mit großem persönlichen Engagement in Wort und Schrift die Lehren Luthers. Als Spangenbergs Vater auf Vorschlag Luthers 1546 in Eisleben die Stelle eines Generalsuperintendenten für die Grafschaft Mansfeld annahm, wurde das Mansfelder Land zu seiner zweiten Heimat. Neunzehnjährig mußte er 1547 – bedingt durch Luthers Tod und die Wirren des Schmalkaldischen Krieges – sein Studium abbrechen. Er kehrte nach Eisleben zurück und erhielt durch die Grafen von Mansfeld eine Lehrerstelle am von Andreas Kegel geleiteten Gymnasium. Während seiner bis 1550 andauernden Lehrertätigkeit übte er sich im Predigen und vertrat seinen kränklichen Vater mehrfach. Als jener 1550 verstarb, übertrugen die Mansfelder Grafen, da wegen der grassierenden Pest kein Nachfolger gefunden werden konnte, das Predigeramt an der St. Andreaskirche vertretungsweise an den jungen Spangenberg. Damit begann seine theologische Laufbahn. Die Eisleber Jahre verschafften Spangenberg die Gelegenheit, sich umfassend mit der Natur und Geschichte seiner neuen Heimat zu beschäftigen, Land und Leute kennen und lieben zu lernen und seine gewonnenen Eindrücke und Erkenntnisse für die Nachwelt festzuhalten. Er schrieb selbst im Vorwort seiner Querfurter Chronik 1590, welche großen Mühen er auf sich genommen habe, um seine Geschichtswerke mit Leben zu erfüllen: »Ich habe viel alter und neuer, über die siebenhundert Chroniken, gedruckt oder auf Birkenrinden, Pergament und Papier geschrieben durchlesen müssen ... Ich habe, wo ich hingekommen, die alten Meß- und Vesperbücher, Brevier, Psalteria und Betbücher, darin gemeiniglich die Alten hinten und vorn, was sich etwa Gedächtniswürdiges begeben, eingeschrieben, durchschlagen... Zudem habe ich zur Erkundigung gewissen Grundes lesen müssen allerlei Ehestiftungen, Kirchen-, Kloster-, Klausen-, Kapellen-, Altar-, Messen-, Vigilien-, Jahrgedächtnis-, Bruderschaften-, Kalandstiftungen ..., item allerhand Verträge, Bündnisse, Burgfriden, Erbeinigungen, Abschiede ..., item privilegia, confirmationes, Bestätigungs- und Gnadenbriefe ..., desgleichen Verzichtbriefe und Testamente, Codicil-

Cyriakus Spangenberg nach einem Holzschnitt 2. Hälfte 16. Jh.

len und Leibgedinge ..., auch allerlei Akten und Rechtshandlungen ... Förder habe ich dann auch besichtigen müssen allerlei Grabschriften ..., allerlei Schriften an gehauenen Steinen, an Türen, über den Toren, außen und in den Gebäuden ..., auch an Kelchen, Monstranzen, Glocken, Büchsen usw., item an Gemälden, Bildnissen ...«[3]
1572 erschien der 1. Band der 503 Blätter (1006 Seiten) und in 408 Kapitel gegliederten Chronik. Zahlreiche Aufzeichnungen zu den Bänden 2–6 sollen – wie aus einem Briefwechsel mit dem Grafen David von Mansfeld aus dem Jahre 1601 hervorgeht – vorhanden gewesen sein, deren Verbleib jedoch unbekannt ist. 1906 entdeckte Dr. Mück im K. und K. Hof- und Staatsarchiv Wien Teile des 3. und 4. Bandes. Professor Dr. Leers, der Vorsitzende des Geschichts- und Altertumsvereins der Grafschaft Mansfeld, ließ ab 1913 den Nachlaß (3. Buch des 3. Teiles; 3. Buch des 4. Teiles) drucken. 1925 ging das 1. Buch des 4. Teiles in den Druck und 1933 erschienen Fragmente zu einem Buch des 3. Teiles im 38. Jahrgang der Mansfelder Blätter.
1552 erhielt Spangenberg für ein Jahr eine Predigerstelle an der von Graf Johann Georg I. neu eingerichteten Georgskapelle im Schloß von Eisleben. 1553 beriefen ihn die Mansfelder Grafen zum Diakon nach Mansfeld, und nach dem Tod des Mansfelder Hofpredigers, Michael Coelius, wurde er 1559 zum Hofprediger der Grafen ernannt. Als infolge von Differenzen mit den Grafen Gebhard VII. und Albrecht IV. der Superintendent der Grafschaft Mansfeld, Erasmus Sarcerius, 1559 sein Amt niederlegte, wurde dieses Spangenberg angetragen, der es aber ablehnte und stattdessen den Pre-

Cyriakus Spangenberg Mansfeldische Chronik 1572

diger der Eisleber Nicolaikirche, Hieronymus Mencel, vorschlug. Mencel war im später ausbrechenden Erbsündestreit einer der erbittertsten Gegner Spangenbergs und hatte einen großen Anteil daran, daß jener 1574 das Mansfelder Land für immer verlassen mußte. Die Zeit, die er in Mansfeld verbrachte, war für ihn die fruchtbringendste seines Lebens. Durch große theologische Ausstrahlungskraft konnte er zum Mittelpunkt des geistigen und geistlichen Lebens in der Grafschaft werden. Ausführlich berichteten Johann Georg Leuckfeld und Heinrich Rembe, die Biographen Spangenbergs, über dessen Wirken und schriftstellerische Tätigkeit. 1712 veröffentlichte Leuckfeld die »Historia Spangenbergensis« (Historische Nachricht von dem Leben, den Lehren und Schriften Cyriaci Spangenbergs), und 1877 gab Heinrich Rembe Spangenbergs »Formularbüchlein der alten Adamssprache« heraus. In jenem Büchlein sammelte und kommentierte Spangenberg Volksausdrücke und sprichwörtliche Redensarten und gab damit einen Einblick in die Sitten- und Kulturgeschichte der Reformationszeit. Einige Kostproben sollen dies unterstreichen:

»Ich meine es so böse nicht, allein daß ich so eine böse Gewohnheit habe.«
»Ich will in Religionssachen keinen Theil zugethan sein, sondern meines Thuns warten.«
»Es ist irgend um ein Wort oder zwei zu thun, darum sich die Gelahrten zanken und ein solches Gesperre anrichten.«
»Ich wollt mir eher den Kopf lassen abhauen, denn öffentlich Buße thun.«
»Die Hölle ist nicht so heiß, als man sie machet.«
»Es hat's ja ein Vater Macht, mit seinem Kinde zu machen, wie er will.«[4]

Im Formularbüchlein befindet sich auch eine detaillierte Lebensbeschreibung des Chronisten und es sind die von Spangenberg verfaßten Schriften nach Jahren aufgelistet. Das Verzeichnis beinhaltet 212 Schriften, darunter 8 historische Werke, Werke der Schriftauslegung und der Erbauung, Predigtensammlungen, Streitschriften und vieles mehr. Aus der Fülle der Bücher sollen einige stellvertretend genannt werden. Neben der bereits erwähnten Mansfeldischen Chronik aus dem Jahre 1572 erschienen unter anderem:

1552: Historia von der flechtenden Krankheit der Pestilenz.
1553: Ein neu Trostbüchlein für die Kranken und vom christlichen Ritter.
1555: Kurze Vorzeichnüs, Chronigk ... der Stadt Sangerhausen.
1555: Ursach und Handlung des sächsischen Kriegs bei dem Welphsholz, Wittenberg.
1556: Warhafftiger bericht des grossen Blutsvergissens, so am Welphsholz, Eisleben.
1560: Jagteufel, Bestendiger ... Bericht, wie fern die Jagten rechtmessig, Eisleben.
1561: Warhafftiger Bericht von den Wohlthaten, die uns Gott durch ... Luther erzeigt, Jena.
1561: Chronicon Corinthiacum, Eisleben.
1562: Formularbüchlein der alten Adamssprache, Eisleben.
1568: Gesangbüchlein und Anleitung ... wie Lutheri Lieder mit Andacht gesungen werden können.

1569: Notwendige Warnung wider des Königs zu Frankreich Edict, Eisleben.
1570: Predigt über Luther ... das geistliche Bergwerk betreffend.
1572: Erklerung von der Erbsünde für die Einfeltigen, Eisleben.
1574: Historia von Ankunft ... des Klosters Mansfeld, Eisleben.
1585: Sächsische Chronica, Frankfurt/M.
1590: Querfurtische Chronica, Erfurt.
1590: Historia v. d. edlen Geschlecht derer von Wolsdorf, Erfurt.
1591: Adelsspiegel, Schmalkalden.
1592: Vom neuen corrigirten Calender.
1599: Hennebergische Chronica, Straßburg.
1603: Bonifacius, oder Kirchenhistorie, Schmalkalden.

Nach Spangenbergs Tod:
1614: Chronica ... der Grafen zu Holstein, Schaumburg, Stadthagen.
1720: (?) Chronica ... aller Bischöfe zu Verden, Hamburg.
1755 und 1767/76: Hennebergische Chronik, Meiningen.

Im Manuskript:
Stammbaum der Grafen von Mansfeld.
Genialogiaes, oder Stammbäume aller deutschen Kaiser ... wie sie ... einer dem andernverwandt.
Chronicon Cretense.

Wie groß das Ansehen Spangenbergs in der Grafschaft Mansfeld war, geht daraus hervor, daß er im Auftrag der Mansfelder Grafen 1565 gemeinsam mit den Pfarrern Martinus Wolfius aus Helfta und Joachim Hartmannus aus Helbra in die Stadt Antwerpen reiste, um dort die Reformation einzuführen. Der Einfluß Spangenbergs als hochangesehener, einflußreicher Geistlicher und Gelehrter sollte in den siebziger Jahren getrübt werden. Ausgelöst wurde dies durch einen zwischen zwei Jenenser Gelehrten – Victorin Strigelius und Matthias Flacius Illyricus – ausgebrochenen Streit um die Erbsünde. Der Streit schlug sich nicht nur in Spangenbergs Predigten und Schriften nieder, sondern dehnte sich auf die gesamte Geistlichkeit des Mansfelder Landes, die Grafen und die dortige Bevölkerung aus. Während Strigelius die Meinung vertrat, daß der Mensch vor seiner Wiedergeburt (durch die Taufe) soviel Kraft besäße, daß er sich freiwillig für das Gute entscheiden und so zu seiner Seligkeit beitragen könne, demnach die Erbsünde eine Akzidenz – etwas von außen Hinzugekommenes sei –, unterstützte Spangenberg als strenger Vertreter der lutherischen Lehre die Meinung von Flacius Illyricus, der davon ausging, daß der Mensch durch Adams Fall so verderbt sei, daß er nichts Gutes vollbringen kann und deshalb nicht an der Seligkeit mitwirken könne. Für Flacius war die Erbsünde keine Akzidenz, sondern die ganze Substanz – das innerste Wesen des Menschen. Der Streit, der immer extremere Formen annahm und mit allen Mitteln geführt wurde, spaltete die Mansfelder Geistlichkeit und selbst das Grafenhaus in zwei Parteien: eine Eisleber Partei unter Hieronymus Mencel und eine Mansfeld-Hettstedter Partei unter Cyriakus Spangenberg. Hinzu kam, daß Kurfürst August von Sachsen auch gegen die Flacianer auftrat und unbequeme Pfarrer aus ihren Ämtern vertrieb. Die Oberlehnsherren über die Grafschaft Mansfeld, Administrator Joachim Friedrich von Magdeburg und Kurfürst August von Sachsen, griffen nun unmittelbar am Silvesterabend 1574 mit 500 bewaffneten Knechten in die mansfeldischen Streitigkeiten ein. Die Häuser Spangenbergs und seiner Anhänger wurden gestürmt, 35 Personen auf dem Giebichenstein in Haft genommen. Spangenberg selbst gelang die Flucht. Nach seiner Vertreibung lebte Spangenberg, dem sein Gönner, Volrad von Mansfeld, ein Jahresgehalt von 208 Talern zukommen ließ, eine zeitlang in Sangerhausen. Hier trat er am 9. September 1577 als überzeugter Substantianer und Flacianer noch einmal auf einem Kolloquium in Erscheinung. 1577 ging er mit Graf Volrad nach Straßburg und erhielt 1581 eine Pfarrstelle zu Schlitzsee/Hessen. 1591 erneut vertrieben,hielt er sich im hessischen Vacha auf, dann ging er wieder nach Straßburg, wo er vom Mansfelder Grafen Ernst, der Domherr von Köln und Straßburg war, finanziell bis zu seinem Tode am 10. Februar 1604 unterstützt wurde.

Anmerkungen und Literatur

1 Zitiert in: Mansfelder Heimatblätter, 3./4. Folge, Eisleben 1929, S. 82.

2 ELISABETH SCHWARZE-NEUß, in Protokollband zum Kolloquium anläßlich der ersten urkundlichen Erwähnung Eislebens am 23. November 994, Bd. 1, Eisleben 1995, S. 209.

3 CYRIAKUS SPANGENBERG, Querfurtische Chronica, Erfurt 1590, o. S.

4 M. Cyriacus Spangenbergs Formularbüchlein der alten Adamssprache. Mit Lebensbeschreibung Spangenbergs und einem Verzeichnis seiner Werke, hrsg. von HEINRICH REMBE, Dresden 1887, S. 7, 24, 25, 65, 71, 72.

JOHANN-GEORG LEUCKFELD, Historische Nachricht von dem Leben/Lehre und Schriften Cyriaci Spangenbergs, Quedlinburg und Aschersleben 1712.

HELMUT LOHMEIER, Cyriakus Spangenberg, Chronist des Mansfelder Landes. Anläßlich seines 460. Geburtstages, in: Mansfelder Blätter, 7, Eisleben 1988, S. 19–21.

HEINRICH REMBE, Der Briefwechsel des M. Cyriacus Spangenberg, Dresden 1887.

KARL RÜHLEMANN, Cyriakus Spangenberg, der Mansfelder Theologe und Geschichtsschreiber, in: Mansfelder Heimatkalender, Eisleben 1925, S. 52–55.

EDWARD SCHRÖDER, Cyriakus Spangenberg, in: Allgemeine Deutsche Biographie, Bd. 55, Leipzig 1893, S. 37–41.

CYRIAKUS SPANGENBERG, der Mansfelder Theologe und Geschichtsschreiber, in: Annalen der Grafschaft Mansfeld 2, 1806, S. 185 f., 189 f., 197 f., 201 f.

Cyriakus-Spangenberg-Sonderausgabe, in: Mansfelder Heimatblatt 1928, S. 81–96.

Cyriakus Spangenberg, in: Querfurter Jahrbuch 7, 1929, S. 32–37.

Martin Rinckart (1586–1649)
Dichter, Musiker, Komponist

Martin Rinckart, der Schöpfer des bekannten Chorales »Nun danket alle Gott«, welcher fester Bestandteil des lebendigen Liedgutes der gesamten Christenheit und zum bedeutendsten Danklied in der deutschen Kirchengeschichte geworden ist, wurde am 24. April 1586 in Eilenburg als Sohn des Böttchermeisters Georg Rinckart und seiner Gemahlin Salome geboren. In der Ehe kamen acht Kinder zur Welt, von denen vier Söhne den Vater überlebten. Georg Rinckart verstarb 1613 und seine Mutter heiratete noch einmal 1614 den Tuchmacher Matthäus Schütze aus Eilenburg. Martins Kinder- und Jugendzeit verlief in bescheidenen Verhältnissen. Er selbst schrieb über diese Zeit: »Nur durch die Mittel armer Eltern und durch ihre blutsaure Handarbeit bin ich bis in das 15. Jahr notdürftig erhalten und unterhalten worden.« Trotz aller Beschwerungen gab es nach getaner Arbeit im Elternhaus viele frohe Stunden, an denen die Eltern mit ihren Kindern musizierten. Martin schätzte die Kunst der Musik später folgendermaßen ein: »... die ewig ist und bleibt. Und uns den Trauergeist und schweren Mut vertreibt.« Mit fünf Jahren begann für Martin die Schulausbildung an der Knabenschule in Eilenburg. Ab 1601 setzte er die Schule in Leipzig fort – zunächst in der Thomasschule, wo er als Chorverwalter eingesetzt war, und später am großen Fürstenkolleg der Universität.

Martin Rinckart
Gemälde
(Stadtmuseum Eilenburg)

1609 erhielt er die Baccalaureatswürde. Nach Erhalt dieses akademischen Titels, der damals Vorbedingung zur Bekleidung von Ämtern an Schulen oder Kirchen war, bewarb er sich im März 1610 in seiner Vaterstadt um die vakante Diakonatsstelle an St. Nikolai, jedoch erfolglos. Durch Vermittlung des Thomaner-Kantors Seth Kalvisius trat Rinckart als Sextus 1610 die Lehrerstelle am Eisleber Gymnasium an. Neben einem zwanzigstündigen Wochenunterricht mußte er noch das Amt eines Kantors an der Nikolaikirche versehen. Er gab in der Quarta Lateinunterricht, erteilte in den Klassen Quarta bis Prima den Musikunterricht und erklärte sonnabends in der Quarta und der Tertia die griechischen Perikopen. Im Wechsel mit dem Kantor der St. Andreaskirche leitete Rinckart den Gesang der Kurrende bei Gottesdiensten, Brautmessen und Leichenfeierlichkeiten. Zu den alljährlichen Gregoriusfesten übte er die Lieder und Texte ein und beaufsichtigte die Darstellungen aus der heiligen Geschichte durch kostümierte Schüler. Seine Eisleber Schultätigkeit und das Kantoramt erforderten ein stattliches Repertoir von Gesängen aller Art und eine musikalische Begabung. Da an der Eisleber Schule kein angenehmes Arbeitsklima herrschte, war Rinckart froh, daß er durch den Mansfelder Grafen Christoph 1611 in das Diakonat von St. Annen berufen wurde. Im gleichen Jahr heiratete er die Tochter des einstigen Rektors der Lateinschule, Christina Morgenstern.

Während seines Aufenthaltes in Eisleben verfaßte er die Luthertragödie »Der Eislebische christliche Ritter«, die die weitläufige Geschichte des Religionsstreites gedrängt darstellt. In sehr durchsichtiger Allegorie und mit Verwendung des die Weltliteratur bis zu Swift und Lessing durchwandernden Motives vom Vater und den drei Söhnen wird Luther in seinem Kampf gegen den Papst und Calvin verherrlicht. 1613 erhielt Rinckart von den Mansfelder Grafen eine Berufung als Pfarrer nach Erdeborn. Hier fühlte er sich sehr wohl und war auch dichterisch erfolgreich. Er schrieb das Drama »Lutherus desideratus« und die Eislebische Mansfeldische Jubelkomödie »Indulgentiarius confusus«, welche die Tetzelepisode aus der Reformationsgeschichte behandelte. In der Erdeborner Zeit werden Rinckart zwei große Ehrungen zuteil - seine 1615 erfolgte Dichterkrönung und der Erwerb des Doktortitels an der Universität in Leipzig im Januar 1616.

Seite 142: Martin Rinckart kommt aus dem Quartier der Schweden
Otto Heinrich Engel, Wettbewerbsentwurf 1906 (Stadtmuseum Eilenburg)

unten: Martin Rinckarts Bittgottesdienst
Gemälde von Schlabitz
1907 (Rinckart-Gymnasium Eilenburg)

Im Dezember 1617 kehrte Rinckart in seine Heimatstadt Eilenburg zurück, wo er als Archidiakon in Zeiten von Krieg, Pest und Hungersnot bis zu seinem Tode segensreich wirkte. In seinen sonntäglichen Nebengottesdiensten hielt er 32 Jahre lang die sogenannten »Katechismuspredigten« und wirkte im lutherischen Sinne auf die Gemeinde und vor allem auf die Jugend ein. Während dieser Zeit gab er auch das Werk »Die Katechismuswohltaten« heraus. In Eilenburg dichtete er gegen 1630 das Kernlied der evangelischen Kirche »Nun danket alle Gott«. Von Rinckarts anderen Liedern, die er in den Sammlungen »Meißnische Thränenstaat« (1637) und »Katechismuslieder« (1645) unter anderem veröffentlichte, ist das auch in Olearius' Singekunst und sonst noch abgedruckte »Vaterunserlied« das wertvollste, weil es neben tiefempfundener Frömmigkeit auch volkstümliche Ausdrucksweise verrät. 1625 wurde sein Buch »Müntzerischer Bauernkrieg« gedruckt. Von anderen Werken Rinckarts ist kaum etwas Näheres bekannt, und sein Name hat sich nur durch sein Danklied bis auf unsere Tage erhalten. Ein bleibendes Verdienst Rinckarts aber besteht darin, 1646 die Kantoreigesellschaft zu Eilenburg, die bereits 1565 ins Leben gerufen worden war und sich der Figuralmusik in der Gemeinde widmete, wieder ins Leben gerufen zu haben. Rinckart starb am 8. Dezember 1649 in seiner Heimatstadt Eilenburg.

Literatur

Adolf Brüssau, Martin Rinckart und sein Lied »Nun danket alle Gott", Leipzig und Hamburg 1936.

Wilhelm Büchting, Siegmar Keil, Martin Rinckart, Leben und Werk, Eilenburg 1996 (dort weitere Literatur).

Karl Dienst, Martin Rinckart, in: Biographisch-Bibliographisches Kirchenlexikon, Herzberg 1994, Spalte 372–374.

Albrecht Fischer, Wilhelm Tümpel, Das deutsche evangelische Kirchenlied des 17. Jahrhunderts, Bd. 1, 1904, S. 452–478.

WER MICH BEKENNET DEN WILL ICH AUCH BEKENNEN
AVG. CONF. EXHIB.
MEM. SEC.
1730

MARTIN LUTHER
PH. MELANTHON

Jürgen Leonhardt

Melanchthon als Verfasser von Schulbüchern

Der Beiname »Praeceptor Germaniae« würdigt die Tätigkeit Melanchthons in mehr als nur einer Hinsicht.[1] War er doch gleichzeitig in allen Bereichen tätig, in denen es etwas für die Bildung zu bewegen gilt: Als Hochschullehrer und Privatlehrer, als Organisator des Schulwesens und Verfasser von Lehrplänen für Schule und Universität, auf der politischen Ebene als einflußreicher Berater mit vielen Kontakten und einem immensen Briefwechsel (nicht zuletzt mit seinen Schülern, die an vielen Orten Europas in seinem Sinne weiterwirkten) und schließlich als Verfasser von erfolgreichen Schulbüchern.

Von alledem sind die Schulbücher, so oft sie auch rühmend genannt werden mögen, noch am wenigsten gewürdigt worden. Dies ist um so erstaunlicher, als gerade durch sie der Name Melanchthons bei den Zeitgenossen verbreitet wurde und bei den nachfolgenden Generationen lebendig blieb. Von den ungefähr 330 selbständigen Schriften

Regal aus der Ponikau-Sammlung der Universitäts- und Landesbibliothek Halle-Wittenberg um 1880 mit Bänden aus der berühmten Heinrich-Ernst-Bindseil-Bibliothek sowie Kapseln für Kleinschriften aus der Zeit Ponickaus um 1780

Melanchthons machen die Lehrbücher, was die Zahl der Titel angeht, nur etwas mehr als 5% aus. Betrachtet man jedoch die Gesamtzahl der Drucke von Melanchthons Werken im 16. Jahrhundert, so entfallen etwa ein Viertel allein auf die Lehrwerke.[2] Rechnet man hinzu, daß viele Werke Melanchthons kürzere Abhandlungen oder Reden sind, die oft als Anhang zu anderen Schriften gedruckt wurden, so zeichnet sich das Gewicht, das die Lehrwerke innerhalb der, modern gesprochen, selbständigen Buchveröffentlichungen Melanchthons haben, noch deutlicher ab.

Es mag jedoch zwei Gründe geben, daß die Schulbücher mehr gerühmt als gewürdigt werden. Zum einen gilt das Schreiben von Schul- und Lehrbüchern als zwar achtbare, aber insgesamt eher biedere Tätigkeit. Und in der Tat muß festgehalten werden, daß der Humanist Melanchthon – dessen fachliche Qualitäten damals wie heute allen Zweifeln enthoben sind – mit seinen Beiträgen zu den verschiedenen Fachdisziplinen einen wirklichen Platz in der Geschichte der Wissenschaft nicht gefunden hat. Keine Lösung eines wissenschaftlichen Problems, kein Fortschritt der Kommentierung, keine maßgebliche Textausgabe oder bahnbrechende Sammelleistung sind mit seinem Namen verbunden.[3] Ihren Platz haben die Schulbücher ebenso wie die anderen wissenschaftlichen Veröffentlichungen Melanchthons in der Geschichte der Fachdidaktik der jeweiligen Disziplinen – und die ist bis heute nicht geschrieben.

Zum anderen aber wird der Blick des modernen Betrachters dadurch getrübt, daß wir uns im Zeitalter der immer weiter gehenden Spezialisierung kaum mehr vorstellen können, wie ein einzelner Mensch die Gesamtheit wenigstens des schulisch vermittelten Wissens überblicken, ja das Material gar bis ins einzelne zu durchdringen und mit festen Zielvorstellungen neu zu organisieren vermag. Genau darin aber liegt das Besondere Melanchthons. Was bezogen auf das einzelne Fach eine »bloß« fachdidaktische Leistung bleibt, wird in der Summe aller Fächer eine bildungstheoretische und wissenschaftstheoretische Konzeption, die sehr wohl einen eigenständigen Beitrag zur europäischen Geistesgeschichte darstellt.

Wenden wir uns zunächst dem zweiten Aspekt zu und vergegenwärtigen uns die Breite dieses Wissenskanons, indem wir die wichtigsten Werke kurz Revue passieren lassen[4] – man mag sich dabei ausmalen, welches Heer von Kommissionen heute für ein Bildungsreformprogramm dieses Umfangs erforderlich wäre. Als erstes entstand, noch in Tübingen, die griechische Grammatik, die 1518 in Hagenau bei Thomas Anselm gedruckt wurde; es erschien allerdings nur die Formenlehre (die sog. »Etymologie«); eine offensichtlich bereits verfaßte Syntax ging unter. Das Griechische geht hier nicht zufällig voran; schließlich waren es gerade die gräzistischen Studien, die den jungen Melanchthon bekannt machten und im selben Jahr zu seiner Berufung nach Wittenberg führten. Und bereits dieses Werk wurde ein voller Erfolg; es war zwar nicht die erste griechische Grammatik in Deutschland, aber die im 16. Jahrhundert am häufigsten gedruckte. Ein Jahr nach der Grammatik folgte das erste von Melanchthons Lehrbüchern zur Rhetorik (*De rhetorica libri tres* = »Drei Bücher über Rhetorik«); wiederum ein Jahr später, 1520, das erste Werk zur Dialektik (*Compendiaria dialecticae ratio* =

»Kurzgefaßtes System der Dialektik«); im folgenden Jahr, 1521, unter dem Titel *Institutiones rhetoricae* (»Grundlagen der Rhetorik«) eine in vielerlei Hinsicht veränderte neue Darstellung der Redekunst. Mit dem *Enchiridion elementorum puerilium* (»Handbüchlein für die Anfangsgründe«) legte Melanchthon 1523 auch ein kleines Werk für den Anfängerunterricht vor, in dem erste lateinische Lektüreabschnitte u.a. anhand des Vaterunsers und wichtiger Bibelabschnitte zusammengestellt waren. Fast zur gleichen Zeit erschien 1525 die ganz elementar gehaltene *Institutio puerilis litterarum Graecarum* (»Anfangsgründe des Griechischunterrichts«), die ebenfalls einige erste Leseproben enthielt. Beide Werke fanden allerdings nur geringe Verbreitung. Ganz anders war dies mit den Werken zur lateinischen Grammatik, die 1526 in Erstausgabe erschienen: Der *Grammatica latina*, später auch *Elementa grammatices Latinae* betitelt, welche die Formenlehre enthielt, und der *Syntaxis.* Letzterer war auch unter dem Titel *Prosodia* eine kurze Einführung in Prosodie und Verslehre beigegeben – ein unverzichtbarer Bestandteil der Lateinausbildung; denn das Verfassen lateinischer Verse gehörte damals (und bis ins 19. Jahrhundert) fest zum Lehrplan des Lateinunterrichts. In späteren Ausgaben wurden oft alle drei Einzelwerke zusammen gedruckt. Die Grammatik war nicht nur Melanchthons erfolgreichstes Werk, sondern überhaupt eines der verbreitetsten Werke des 16. Jahrhunderts; in unzähligen Neuauflagen und Bearbeitungen erschien sie bis in die Mitte des 18. Jahrhunderts hinein. Der Name »Melanchthon« wurde, da die spätesten Ausgaben kaum mehr den originalen Text durchscheinen lassen, geradezu zum Markenzeichen – ganz ähnlich etwa wie bei den in regelmäßigen Abständen aktualisierten Auto-Atlanten unserer Zeit. Auf das Standardwerk der Grammatik folgten 1528 mit den *Dialecticae libri quattuor* (»Vier Bücher Dialektik«) und 1531 mit den *Elementorum rhetoricae libri duo* (»Zwei Bücher über die Grundlagen der Rhetorik«) weitere Bearbeitungen der von ihm bereits zuvor behandelten Wissensgebiete; beide Werke wurden deutlich erfolgreicher als ihre Vorgänger von 1520/1.

1536 wandte sich Melanchthon mit der *Philosophiae moralis epitome* (»Kurzfassung der Moralphilosophie«) zum ersten Mal der Ethik zu. 1540 folgte mit dem *Commentarius de anima* (»Erklärung der Seele«, 1553 grundlegend überarbeitet als *Liber de anima* = »Das Buch von der Seele«) die ausführliche Darstellung der Psychologie, die sich von vergleichbaren Werken der Zeit vor allem dadurch unterscheidet, daß darin auch die Anatomie des menschlichen Körpers behandelt wird. 1547 brachte er mit den *Erotemata dialectices* (»Probleme der Dialektik«) die letzte Bearbeitung dieses Sachgebietes, die im 16. Jahrhundert zum führenden Lehrbuch zumindest im protestantischen Deutschland wurde. Die *Initia doctrinae physicae* (»Einführung in die Physik«) von 1549 befaßte sich, was ihr Titel nicht erkennen läßt, ausführlich auch mit der Astrologie, der Melanchthon (im Gegensatz zu Luther) stets große Aufmerksamkeit schenkte. 1550 schuf er mit den *Ethicae doctrinae elementa* (»Grundlagen der Ethik«) die endgültige, noch einmal ganz neu geschriebene und in seiner Tendenz veränderte Fassung des 1538 entstandenen Ethiklehrbuches, die noch durch die *Quaestiones aliquot ethicae*

(»Einige Probleme der Ethik«) erweitert wurde, in denen Spezialfragen wie der Eid oder die Exkommunikation behandelt wurden. Am Ende des Schaffens steht schließlich die Geschichtsschreibung. Bereits 1532 hatte Melanchthon die Chronik des Johannes Carion auf Bitten des Autors vor der Drucklegung einer gründlichen Durchsicht unterzogen. 1558 brachte er dann selbst eine lateinische Neubearbeitung des Werkes heraus, die zunächst bis zur Zeit des Augustus reichte; 1560, kurz vor seinem Tode, erschien ein zweiter Teil für die Zeit bis zu Karl dem Großen. Die spätere Zeit bis zu Karl V. besorgte nach dem Tode Melanchthons sein Schwiegersohn Kaspar Peucer.

Philipp Melanchthon
Liber de anima (De anima et vita libri tres)
1563 (Marienbibliothek Halle)

Philipp Melanchthon
Philosophiae moralis epitomae libri duo emendati et aucti ...
1540 (Marienbibliothek Halle)

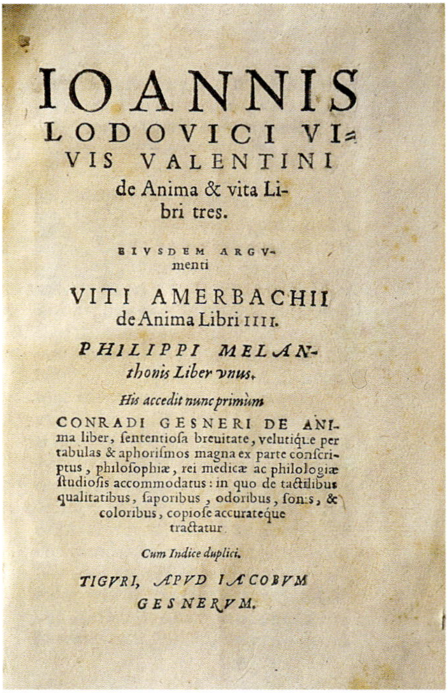
IOANNIS LODOVICI VIVIS VALENTINI de Anima & vita Libri tres.
EIVSDEM ARGVmenti
VITI AMERBACHII de Anima Libri IIII.
PHILIPPI MELANthonis Liber vnus.
His accedit nunc primùm
CONRADI GESNERI DE ANIma liber, sententiosa breuitate, velutique per tabulas & aphorismos magna ex parte conscriptus, philosophiæ, rei medicæ ac philologiæ studiosis accommodatus: in quo de tactilibus qualitatibus, saporibus, odoribus, sonis, & coloribus, copiose accurateque tractatur.
Cum Indice duplici.
TIGVRI, APVD IACOBVM GESNERVM.

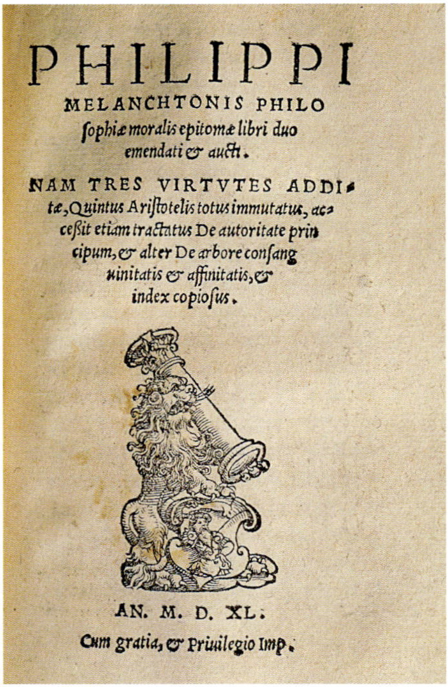
PHILIPPI MELANCHTONIS PHILOsophiæ moralis epitomæ libri duo emendati & aucti.
NAM TRES VIRTVTES ADDItæ, Quintus Aristotelis totus immutatus, accessit etiam tractatus De autoritate principum, & alter De arbore consanguinitatis & affinitatis, & index copiosus.
AN. M. D. XL.
Cum gratia, & Priuilegio Imp.

Soweit die Lehrbücher der sozusagen weltlichen Schulfächer. Auch auf dem Gebiet der religiösen Unterweisung hat Melanchthon Grundlegendes geschaffen;[5] genannt seien hier nur die *Catechesis puerilis* (»Katechismus für die Jugend«), zuerst 1540 von einem Unbekannten herausgegeben und erst später von Melanchthon autorisiert, vor allem aber die berühmten *Loci communes* (kaum zu übersetzen; etwa: »Hauptpunkte«), in denen die neue protestantische Lehre zum ersten Mal zusammenfassend dargelegt wurde und die er in drei Bearbeitungen herausgab (1521, 1535, 1543). Schließlich mag auch das voluminöse *Corpus doctrinae Christianae* (»Zusammenstellung der christlichen Leh-

Philipp Melanchthon
Erotemata dialectices, continentia fere integram artem ...
Wittenberg 1559 (Marienbibliothek Halle)

Philipp Melanchthon
Initia doctrinae physicae dictata in Academia Witebergensi
Wittenberg 1567 (Marienbibliothek Halle)

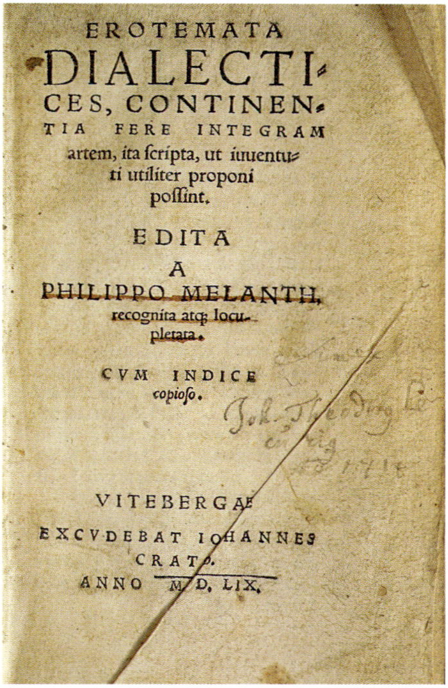

EROTEMATA DIALECTICES, CONTINENTIA FERE INTEGRAM artem, ita ſcripta, ut iuuentuti utiliter proponi poſſint.
EDITA A PHILIPPO MELANTH. recognita atq; locupletata.
CVM INDICE copioſo.
VITEBERGAE EXCVDEBAT IOHANNES CRATO. ANNO M. D. LIX.

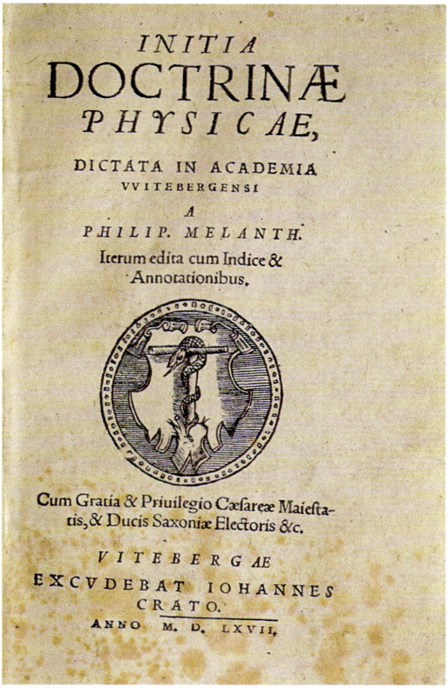

INITIA DOCTRINÆ PHYSICAE, DICTATA IN ACADEMIA VVITEBERGENSI A PHILIP. MELANTH. Iterum edita cum Indice & Annotationibus.
Cum Gratia & Priuilegio Cæſareæ Maieſtatis, & Ducis Saxoniæ Electoris &c.
VITEBERGAE EXCVDEBAT IOHANNES CRATO. ANNO M. D. LXVII.

re«) von 1560 in weitestem Sinne zu den Lehrwerken gerechnet werden. Und da die christliche Lehre nicht nur für die Teilhaber höherer Bildung bestimmt war, finden wir hier auch kleinere katechetische Werke in deutscher Sprache. Doch bedarf die Religionspädagogik im Gesamtkontext der Bildungsgeschichte in der Reformation einer gesonderten Würdigung und mag daher, wo es um den Beitrag Melanchthons zu den schulischen Fächern im engeren Sinne geht, im folgenden außer Betracht bleiben.

Zu den von Melanchthon selbst verfaßten Lehrbüchern sind jedoch unbedingt noch weitere, vor allem naturwissenschaftliche Werke anderer Autoren hinzuzuzählen, die Melanchthon herausgab oder zu denen er empfehlende Vorworte schrieb; man darf vielleicht vermuten, daß Melanchthon auch hier selbst zur Feder gegriffen hätte, wenn ihm der Stoff hinreichend vertraut gewesen wäre (bereits bei der Abfassung der »Einführung in die Physik« hatte übrigens Paul Eber als kundiger Fachberater wesentlich mitgewirkt). Die meisten der einschlägigen Werke erschienen zuerst in den 30er Jahren: u.a. 1531 der *Liber de sphaera* (»Buch über die [Himmels]kreise«) des Iohannes de Sacrobosco, 1536 die *Elementa arithmetices* des Georg Peurbach, der *Libellus de geometricis elementis* (»Büchlein über die Grundlagen der Geometrie«) des Iohannes Vogelinus und die *Tabulae Astronomicae* (»Astronomische Tafeln«) des Johannes Schoner, 1537 dann die *Rudimenta Astronomica Afragani* (d.h. die »Anfangsgründe der Astronomie« des arabischen Astronomen al-Farghani aus dem 9. Jahrhundert, die in lateinischer Übersetzung auch im Abendland seit langem bekannt waren). Selbst übersetzt hat er die »Tetrabiblos« des antiken Astronomen Klaudios Ptolemaios (2. Jahrhundert n. Chr.), in dem über den Einfluß der Gestirne auf die Welt gehandelt wird. Weiterhin hat Melanchthon auch auf Fachgebieten, für die er selbst Lehrbücher verfaßt hatte, die Werke anderer Autoren mehrmals empfohlen, so etwa im Fall der lateinischen Grammatik. Das Werk gab Thomas Linacre 1531 selbst für den Gebrauch in den Schulen heraus.

Zu den Lehrwerken gehören letztlich auch die weitaus meisten Ausgaben antiker lateinischer und griechischer Schriftsteller, die Melanchthon herausbrachte. Denn im Gegensatz zur Praxis mancher seiner Zeitgenossen ist bei Melanchthon ganz offensichtlich, daß sowohl die Auswahl der Texte wie auch die Aufarbeitung im Detail für die praktische Unterrichtstätigkeit gedacht war. Melanchthons Ziel war nicht die Erschließung bisher unbekannter Autoren, nicht die philologische Verbesserung der Texte oder die Lösung von Sachproblemen der Kommentierung, sondern die Nutzbarmachung der antiken Überlieferung für die Bildung. Hierher gehört z.B. die Beschäftigung Melanchthons mit dem lateinischen Komödienschriftsteller Terenz, an dem man in den Lateinschulen der Zeit gutes Alltagslatein lernte, und den Werken Ciceros. Dessen Reden dienten als Vorbild für eleganten Stil; von ganz besonderer Bedeutung war jedoch die Schrift *De officiis* (»Über die Pflichten«), die von Melanchthon mit kurzen, erklärenden Randbemerkungen für Schüler herausgegeben wurde und zu der er ausführliche *Prolegomena* verfaßte. Die Ausgabe rückt somit ganz in die Nähe von Melanchthons ethischen Lehrwerken. Dasselbe gilt natürlich auch für seine Ausgaben und Kommentare zu einigen Teilen der Nikomachischen Ethik und der Politik des Aristoteles.

Die Summe der von Melanchthon bearbeiteten »Fächer« ist nicht beliebig, sondern geht aus dem Bildungssystem der Zeit hervor – und zwar relativ nahtlos. Dabei ist nicht so sehr von einer bestimmten Bildungsinstitution auszugehen; denn die Abgrenzung und der Übergang von der städtischen Lateinschule – wie es die neu gegründete Schule in Eisleben war – und der sog. »Artistenfakultät« der Universität (die ihrerseits wieder die Propädeutik für die »höheren« Fakultäten der Theologen, Juristen und Mediziner besorgte) war zumindest fließend; einige herausragende Gelehrtenschulen des 16. Jahrhunderts kamen der herkömmlichen Artistenfakultät recht nahe oder gar gleich,[6] und umgekehrt bot die Universität ihren – z.T. nur 14–16 Jahre alten – Anfangsstudenten genügend Gelegenheit, Lücken im Bereich der eher elementaren Ausbildung zu beseitigen. Die Frage, ob Melanchthons Lehrwerke nun »Schulbücher« oder »Lehrbücher für die Universität« waren, ist daher in vielen Fällen gar nicht so genau zu entscheiden, auch wenn natürlich davon auszugehen ist, daß die Grammatik – zumal mit der Formenlehre – ihren Platz eher an der städtischen Schule, Psychologie und Anatomie eher an der Universität hatten. Bezugspunkt für jede höhere Ausbildung war zunächst der seit der Antike verankerte Kanon der sieben Artes liberales, Grammatik, Rhetorik, Dialektik, Arithmetik, Geometrie, Astronomie (die von der Astrologie nicht zu unterscheiden war) und Musik. Dabei wurden die ersten drei Fächer, welche die sprachlichen Grundlagen vermittelten, als >Trivium< (»Dreiweg«) vom >Quadrivium< (»Vierweg«) der naturwissenschaftlichen Fächer unterschieden. Grammatik ist hier natürlich gleichzusetzen mit Lateinunterricht; denn das gelehrte Leben spielte sich ausschließlich in Latein ab, und die flüssige passive und aktive Beherrschung des Lateinischen in Wort und Schrift war Voraussetzung bereits für den Besuch der ersten Universitätsvorlesungen. Insofern hatte die sprachliche Ausbildung den anderen voranzugehen – sie war eben die »triviale« Ausbildung im ursprünglichen Sinne des Wortes.

Über den Kanon der sieben Artes liberales hinaus enthielt der Kurs der Artistenfakultät eine Hinführung zu weiteren philosophischen Themen, die anhand von Texten des Aristoteles vorgenommen wurden: Erklärt wurden vor allem die 8 Bücher Physik, aber auch die Kosmologie (mit der pseudoaristotelischen Schrift *De coelo et mundo*), die »Meteorologie« (d.h. die Erklärung von Blitz, Donner und anderen Naturerscheinungen) und die Biologie, die Psychologie mit den drei Büchern *De anima* und schließlich Ethik (Textgrundlage war meist die Nikomachische Ethik des Aristoteles) und Metaphysik.

Man sieht, daß der Kanon der von Melanchthon behandelten Fächer sich deutlich an das Programm der Artistenfakultät anlehnt; dies tritt noch klarer hervor, wenn man berücksichtigt, daß Melanchthons »Physik« thematisch auch auf das Gebiet der aristotelischen Metaphysik und Meteorologie übergreift. Im äußeren Rahmen läßt sich also eine ziemlich nahtlose Kontinuität zur spätmittelalterlichen Bildung herstellen;

und bei den Naturwissenschaften hat Melanchthon sogar einige der damals üblichen Standardwerke einfach übernommen.[7] Gesprengt wird der vorgegebene Rahmen vor allem an zwei Stellen: Mit der griechischen Grammatik – die Erschließung der griechischen Literatur in der Originalsprache war ja eines der Charakteristika der humanistischen Erneuerungsbewegung – und mit der Hinwendung zur Geschichte im *Chronicon Carionis.*[8] Bei der Astronomie darf die außerordentlich starke Betonung der Astrologie zumindest als individuelle, seinen persönlichen Überzeugungen entsprechende Akzentuierung bezeichnet werden.

Eine solche die Kontinuität betonende Betrachtungsweise verdeckt natürlich die umwälzenden Fortschritte im Detail; dazu wird gleich noch einiges zu sagen sein. Sie ist jedoch nötig, um die Besonderheit Melanchthons herauszuarbeiten. Denn auch im Ganzen steht Melanchthon in einem wichtigen Punkt nicht in spätmittelalterlicher Kontinuität – und auch nicht am Beginn einer neuen Tradition: Daß ein einzelner auch nur einen größeren Teil des Fächerkanons mit Lehrwerken versieht, ist im weiteren Rahmen der Geistesgeschichte weitgehend eine singuläre Erscheinung geblieben. Natürlich hat es immer wieder kompilierende Autoren gegeben, die das Wissen aller Schulfächer zusammenfaßten; zu Beginn des 16. Jahrhunderts ist etwa Gregor Reisch mit seiner mehrmals aufgelegten *Margarita Philosophica* zu nennen. Ein so umfassendes und in den fachlichen Details zum Teil neu erarbeitetes Lehrprogramm, wie es Melanchthon entwickelte, findet sich in der Neuzeit kaum mehr bei einem einzigen Autor vereinigt. Der einzige, der Melanchthon hier wirklich an die Seite gestellt werden kann, ist der Franzose Pierre de la Ramée (Petrus Ramus, 1515–1572)[9] – und bei ihm fehlt dann im Unterschied zu dem Wittenberger Reformator die Seite der Theologie fast völlig. Johannes Sturm, der langjährigen Rektor des Gymnasiums zu Straßburg, verfaßte für seine Schule zwar auch selbst Lehrbücher, beschränkte sich hierbei jedoch auf wesentlich weniger Fächer als Melanchthon und überließ den Rest den Spezialisten. Auch als einige Jahrzehnte nach Melanchthon der Jesuitenorden unter dem Zeichen der Gegenreformation ein im Kern durch und durch humanistisches Schulsystem entwickelte,[10] gab es niemanden mehr, der das Lehrbuchschreiben so enzyklopädisch besorgt hätte: Die jesuitischen Standardwerke für griechische Grammatik, lateinische Grammatik, Rhetorik, Poetik usw. stammen jeweils von verschiedenen Autoren. Und in späteren Zeiten findet man solche enzyklopädischen Bildungsansätze allemal vergeblich.

Bedenkenswerte Parallelen zu Melanchthon finden sich jedoch ein Jahrtausend früher, an der Grenze zwischen Antike und Mittelalter. Gerade die Verbindung von theologischer Betätigung und einer enzyklopädischen, auf den praktischen Unterricht zielenden Darstellung des »weltlichen« Schulwissens ist dort mehrmals anzutreffen: Neben Augustinus (bei dem die Theologie ganz im Vordergrund steht) und Boethius (bei dem umgekehrt die Philosophie und Wissenschaft den größten Teil der Schriften ausmachten) sind vor allem der frühmittelalterlichen Kirchenlehrer Beda Venerabilis (673/4–735) und der römische Senator Cassiodor (um 485–ca. 580) zu nennen. Melanchthon am nächsten kommt Cassiodor; er verfaßte neben einem Psalmenkommentar und weiteren Erläuterungen zu biblischen Schriften mit den *Institutiones divinarum et saecularium litterarum* (»Handbuch der geistlichen und weltlichen Bildung«) eine enzyklopädische Darstellung sowohl für den Umgang mit der Bibel als auch der Artes liberales; weitere Zusammenstellungen für die lateinische Grammatik sind erhalten bzw. bezeugt. Weiterhin gibt es von ihm wie von Melanchthon eine Schrift *De anima* sowie historische Werke. Damit soll in keiner Weise gesagt sein, daß eine direkte Beziehung zwischen Cassiodor und Melanchthon bestehe; was Melanchthon überhaupt von Cassiodor wahrgenommen hat, bleibt offen. Die Parallele zeigt zunächst einmal nur die Konstanz des Fächerkanons. Sie weist aber darüber hinaus auf eine Vergleichbarkeit der jeweiligen geistesgeschichtlichen Situation. In gewisser Weise wiederholt sich das Zusammenspiel der kulturellen Kräfte, die es zu integrieren galt: bei Cassiodor die absterbende antike Bildungstradition und das neu beginnende christliche Mittelalter; bei Melanchthon – auf der Grundlage des tradierten Fächerkanons – die humanistische Bewegung und die Reform des Glaubens. Melanchthons Stellung in dieser Grenzsituation zwischen verschiedenen Entwicklungen ist in der Neuzeit ohne Parallele.

Man unterstellt Melanchthon allerdings wohl zuviel, wenn man in der Abfolge seiner Lehrbücher nur die Verwirklichung eines von Anfang an geplanten Reformprogrammes sehen will. Im Grunde ergab sich alles ganz natürlich. Zum Praeceptor hatte er einfach eine Begabung; die Hinwendung zur Lehrtätigkeit erfolgte nicht erst, nachdem er durch Luther in die reformatorische Bewegung einbezogen worden war. Bereits seine erste selbständige Publikation, die Ausgabe des Terenz aus dem Jahre 1516, war direkt für die Verwendung im Schulunterricht gedacht; und mit der griechischen Grammatik erschien auch das erste Lehrbuch bereits in der Tübinger Zeit.[11] Weiterhin lassen die Erscheinungsdaten der verschiedenen Lehrbücher durchaus im Laufe der Zeit ein verlagertes Interesse und damit eine gewisse (noch näher zu untersuchende) Entwicklung erkennen. Denn es fällt auf, daß so gut wie alle Lehrbücher für die Fächer des Triviums – Grammatik, Rhetorik, Dialektik – in dichter Folge bis 1531 entstanden, während dann 1538 – nach einer Pause von 7 Jahren, in denen kein neues Lehrbuch entstand – die Fächer Ethik, Psychologie und Physik sowie die lateinische Bearbeitung von Carions Chronik folgen. Die *Erotemata dialectices* von 1547 sind hier insofern keine Ausnahme, als sie den Stoff in einer gründlichen, viele sachliche Veränderungen berücksichtigenden Neubearbeitung bringen; überhaupt ist die Dialektik gerade in der Ausführung durch Melanchthon mehr Grundlagenwissenschaft aller Erkenntnis als lediglich ein Fach des Trivium. Gerade mit den so ausgeprägt humanistischen Fächern der Grammatik und der Rhetorik hat sich Melanchthon später nicht mehr beschäftigt; die Rhetorik erschien seit 1531 im wesentlichen unverändert; die Neubearbeitungen der griechischen und lateinischen Grammatik überließ er großzügig bereits zu Lebzeiten Joachim Camerarius und anderen.

Ebensowenig kann man den Erfolg von Melanchthons Lehrbüchern – und damit kommen wir zu der oben ausgesparten Detailbetrachtung – allein oder auch nur überwiegend aus der geistesgeschichtlichen Situation erklären. Daß man sie benutzte (und bisweilen tat man dies heimlich sogar in katholischen Schulen) entschied sich daran, daß sie sich in der Praxis auch wirklich bewährten. Entscheidend war die Qualität, nicht das vorgefertigte Programm. Worin diese Qualität eigentlich bestand, muß für jedes Gebiet neu bestimmt werden – und hier steht, wie gesagt, die moderne Forschung erst am Anfang.

Offen zu Tage liegt die Erneuerung von Grammatik, Rhetorik und Dialektik im Sinne humanistischen Bewegung und, damit verbunden, die neue Bedeutung der antiken Autoren und die Wichtigkeit einer gründlichen sprachlichen Schulung. Ohne sprachliche Bildung gibt es für Melanchthon kein klares Denken, ohne antike Literatur keine Basis des Wissens und des Urteils. Weiterhin ist offensichtlich, daß Melanchthon mit einer geschickten Auswahl des Stoffes, mit Klarheit der Formulierungen, sauberer Gliederung, Zwischenüberschriften und, wo es sich anbot, auch mit der Verwendung von Tabellen neue Maßstäbe setzte. Ein Vergleich mit modernen Lehrbüchern würde hier etwa beim Lateinunterricht – wo der Stoff über die Jahrhunderte noch am ehesten vergleichbar ist – ohne Zweifel noch manche fachdidaktischen Neuansätze aufzeigen können.

Melanchthonhaus Wittenberg, Arbeits- und Sterbezimmer, um 1910

Für den modernen Betrachter weniger deutlich, aber historisch um so bedeutsamer war aber auch die Radikalität, mit der sich Melanchthon von Fachtraditionen frei machte, wo sie ihm pädagogisch hinderlich oder sachlich unangemessen schienen. Es ist schon atemberaubend zu sehen, wie er in der Grammatik – einer seit der Antike fein ausdifferenzierten Wissenschaft – überlieferte Definitionen einfach beiseite fegt und durch knappe Bestimmungen ersetzt, die keinem höheren Zweck dienen sollen, als zehnjährigen Kindern den Sachverhalt möglichst anschaulich zu machen.[12] Mit der gleichen Selbstverständlichkeit fügte er in der Rhetorik den drei traditionellen Redearten, der »Gerichtsrede«, »beratenden Rede« und der »Preisrede«, als vierte den »Lehrvortrag« (*genus didascalicum*) hinzu und leistete damit, modern gesprochen, einen Beitrag zur Analyse der Kommunikationsformen seiner Zeit, der über antiken Vorbilder hinausführte. Der Beigeschmack lebensferner Theorielastigkeit, den die Fächer Grammatik und Rhetorik bis heute nicht ganz losgeworden sind, fehlt bei Melanchthon völlig. Und ein Blick auf die Fallbeispiele, die in den dialektischen Lehrwerken durchgesprochen werden, überzeugt sofort davon, daß hier praktische Hilfestellung für aktuelle Diskussionen und Streitgespräche geleistet werden soll.[13]

Durch strenges Festhalten am Praxisbezug und dem Ausgehen von der eigenen Erfahrungswelt leistete gerade der Humanist Melanchthon an nicht wenigen Stellen einen substantiellen Beitrag zur Überwindung antiker Traditionsvorgaben; die Kritik an den lebensfernen Spitzfindigkeiten scholastischer Philosophie trifft sich hier mit einer inneren Freiheit gegenüber antiken Texten, die etwa die der italienischen Humanisten bei weitem überragt. Wenn eingangs festgestellt wurde, daß Melanchthon keine wissenschaftlichen Errungenschaften verdankt werden, so meint dies die Vermehrung des objektiven Wissens durch historisch-kritische Wissenschaft und die Naturwissenschaften; im Weiterdenken und Aktualisieren aller tradierten Einteilungen und Normsetzungen war er dagegen ausgesprochen produktiv.

In naturwissenschaftlichen Fragen war er jedenfalls auf dem neuesten Stand. Dies zeigt sich in *De anima,* wo er für die zweite Bearbeitung 1553 anhand des kurz zuvor erschienen epochemachenden anatomischen Werkes des Andreas Vesalius wesentliche Korrekturen anbrachte.[14] Es gilt aber auch für sein naturwissenschaftliches Lieblingsgebiet, die Astronomie bzw. Astrologie. Daß er das 1543 zum ersten Mal bekannt gewordene heliozentrische System des Kopernikus in den *Initia doctrinae physicae* von 1549[15] und auch späterhin ablehnte, darf keineswegs als einfache Subordination der Wissenschaft unter eine als göttlich empfundene Wahrheit verstanden werden,[16] sondern muß sorgfältig im wissenschaftshistorischen und theologischen Kontext betrachtet werden.[17] Die Fortschritte der astronomischen Detailkenntnisse – auch durch Kopernikus – hat Melanchthon gleichzeitig dankbar übernommen und seinerseits aktiv gefördert.[18] Gewiß hat er den Endzweck aller Bildung in Hinführung des Menschen auf die Offenbarung Gottes gesehen und hat sich dadurch implizit von den anthropozentrischen Tendenzen (für die sich aus heutiger Sicht eine voraufklärerische Interpretation verführerisch nahelegt) des aus Italien kommenden Humanismus deutlich abgesetzt.[19] An seiner intellektuellen Redlichkeit kann jedoch kein Zweifel bestehen, daß der Mensch sich seines eigenen Verstandes bedienen solle, war für Melanchthon selbstverständlich und stand in keinerlei Widerspruch zur göttlichen Offenbarung. Ja, es darf gefragt werden, ob nicht die Ausrichtung am höheren Ziel erst die Freiheit ermöglichte, sich dem Zwang aller Fachtraditionen, selbst der antiken, zu entziehen und das Urteil auf eine neue Basis zu stellen.[20] Melanchthons Lehrwerke sind in diesem Sinne weit mehr die Vorbereitung neuen Wissens als die didaktische Nachbereitung des vorhandenen.

Anmerkungen

1 Grundlegend bis heute: KARL HARTFELDER, Philipp Melanchthon als Praeceptor Germaniae, Berlin 1889 (Monumenta Germaniae Paedagogica VII). Vgl. weiterhin FRIEDRICH PAULSEN, Geschichte des gelehrten Unterrichts auf den deutschen Schulen und Universitäten vom Ausgang des Mittelalters bis zur Gegenwart, Leipzig 1919–21, Bd. 1, S. 192 ff; ADOLF SPERL, Melanchthon zwischen Humanismus und Reformation. München 1959; WILHLEM MAURER, Der junge Melanchthon zwischen Humanismus und Reformation, Bd. 1/2, Göttingen 1967/69; HERRMANN-ADOLF STEMPEL, Melanchthons pädagogisches Wirken, Bielefeld 1979 (Untersuchungen zur Kirchengeschichte 11), GERHARD MÜLLER, Philipp Melanchthon zwischen Pädagogik und Theologie, in: Humanismus im Bildungswesen des 15. und 16. Jahrhunderts, hrsg. v. WOLFGANG REINHARD, Weinheim 1984 (Mitteilung XII der Kommission für Humanismusforschung), S. 95–106; PETER BAUMGART, Humanistische Bildungsreform an deutschen Universitäten des 16. Jahrhunderts, ebd. S. 171–191; HEINZ SCHEIBLE, Melanchthon zwischen Luther und Erasmus, in: Renaissance - Reformation. Gegensätze und Gemeinsamkeiten, hrsg. v. AUGUST BUCK, Wiesbaden 1984 (Wolfenbütteler Abhandlungen zur Renaissanceforschung 5), S. 155–180; DERS., Melanchthons Bildungsprogramm, in: Blätter für Pfälzische Kirchengeschichte 53, 1986, S. 181–195; Wiederabdruck in: Lebenslehren und Weltentwürfe im Übergang vom Mittelalter zur Neuzeit, hrsg. v. HARTMUT BOOCKMANN u.a., redigiert von LUDGER GRENZMANN, Göttingen 1989, S. 233–248. Die beste Übersicht über die Werke (mit Nachweis der Editionen im *Corpus Reformatorum*) bei HEINZ SCHEIBLE, Art. 'Melanchthon', Theologische Realenzyklopädie 22 (1992), S. 371–410, hier: S. 386 ff.

2 Die Zahlen sind errechnet aus den Angaben in: Verzeichnis der im deutschen Sprachbereich erschienenen Drucke des XVI. Jahrhunderts. hrsg. v. IRMGARD BEZZEL, Stuttgart 1983 ff, I. Abt., Bd. 13, Stuttgart 1988, Nr. M 2385 - M 4435 (die Werkausgaben Nr. M 2330 –M 2384 sind nicht eingerechnet).

3 RUDOLPH PFEIFFER, Die Klassische Philologie von Petrarca bis Mommsen, München 1982, S. 118 vermerkt für sein Fach lapidar »Melanchthon war es nicht gegeben, durch seine Schriften die Philologie voranzubringen.«

4 Für die Übersicht über die Lehrwerke und verwandte Schriften Melanchthons bis heute noch nicht ganz überholt: KARL HARTFELDER (wie Anm. 1), S. 211–310. Vgl. weiterhin JÜRGEN LEONHARDT (Hrsg.), Melanchthon und das Lehrbuch des 16. Jahrhunderts. Begleitband zur Ausstellung im Kulturhistorischen Museum Rostock, Rostock 1997 (im Erscheinen); darin auch Einzelbeiträge zu den verschiedenen von Melanchthon behandelten Fachdisziplinen.

5 Zum religionspädagogischen Wirken Melanchthons grundlegend STEMPEL (wie Anm. 1).

6 Vgl. grundsätzlich ARNO SEIFERT, Das höhere Schulwesen. Universitäten und Gymnasien, in: Handbuch der deutschen Bildungsgeschichte, Band I: 15.–17. Jahrhundert, hrsg. von NOTKER HAMMERSTEIN unter Mitwirkung von AUGUST BUCK, München 1996, S. 197–374, bes. S. 223 ff, S. 301 ff. Das Beispiel einer besonders ehrgeizigen städtischen Gelehrtenschule bietet Straßburg; dazu ANTON SCHINDLING, Humanistische Hochschule und freie Reichsstadt. Gymnasium und Akademie in Strassburg 1538–1621, Wiesbaden 1977.

[7] Dazu WILHELM MAURER, Melanchthon und die Naturwissenschaft seiner Zeit, in: Archiv für Kulturgeschichte 44, 1962, S. 199-266, hier: S. 200.

[8] Um die Geschichtsschreibung wird, zusammen mit der Poetik, der Kanon der Artes liberales bereits in der 1517 gehaltenen Declamatio *De artibus liberalibus* erweitert (Melanchthons Werke in Auswahl, hrsg. von ROBERT STUPPERICH, Bd. 3, Gütersloh 1961, S. 17-28; hier: S. 26.

[9] Überblick über seine Lehrschriften und sonstigen Werke bei WALTER J. ONG, S.J., Ramus and Talon inventory. A short-title inventory of the published works of Petrus Ramus and of Omer Talon. Cambridge/Massachusetts 1958.

[10] Vgl. BARBARA BAUER, Jesuitische >ars rhetorica< im Zeitalter der Glaubenskämpfe, München 1986 (Mikrokosmos Bd. 18).

[11] Zu den ersten pädagogischen Bemühungen Melanchthons vgl. STEMPEL (wie Anm. 1) S. 20 ff.

[12] Vgl. hierzu KRISTIAN JENSEN, Die lateinische Grammatik Philipp Melanchthons: Hintergrund und Nachleben, in: LEONHARDT (wie Anm. 4, im Erscheinen).

[13] Zu diesem Aspekt vgl. BARBARA BAUER, Die Rhetorik des Streitens. Ein Vergleich der Beiträge Philipp Melanchthons mit Ansätzen der modernen Kommunikationstheorie, in: Rhetorica 14, 1996, S. 37-71.

[14] Dazu zuletzt JÜRGEN HELM, Zwischen Aristotelismus, Protestantismus und zeitgenössischer Medizin: Philipp Melanchthons Lehrbuch *De anima,* in: LEONHARDT (wie Anm. 4; im Erscheinen).

[15] CR XIII, Sp. 216 ff.

[16] Diesen Eindruck vermittelt leider durch die Zusammenstellung mit der erst 1616 (!) erfolgten Indizierung durch die katholische Kirche auch noch der Artikel 'Kopernikus' in der 19. Auflage des »Brockhaus«, Bd. 12 (1990), S. 340.

[17] Dazu MAURER (wie Anm. 7), bes. S. 218 ff; DINO BELLUCCI, Mélanchthon et la défense de l'astrologie, in: Bibliothèque d'humanisme et Renaissance. Travaux et documents, Bd. 1. Genf 1988, S. 587-622.

[18] Vgl. wieder MAURER (wie Anm. 7), S. 222.

[19] Dazu SCHEIBLE, Bildungsprogramm (wie Anm. 1), vor allem S. 247; zur Hinwendung zum Menschen in der italienischen Renaissance zuletzt CLEMENS ZINTZEN, Antike und Renaissance, in: Mittellateinisches Jahrbuch 31, 1996, S. 103-129, hier: S. 126 ff.

[20] Ob Melanchthon - entgegen seinen Absichten - der Etablierung der »weltlichen« Wissenschaft und der Aufklärung vorgearbeitet hat, ist bereits die Frage von SCHEIBLE (Bildungsprogramm, wie Anm. 1, S. 247). Er bezieht sich jedoch auf Melanchthons Verteidigung der (weltlichen) Bildung überhaupt, nicht auf seine persönliche Art und Weise, mit den tradierten Bildungsgütern umzugehen.

Autoren

Prof. Dr. Horst F. Rupp, Würzburg
Prof. Dr. Günther Wartenberg, Universität Leipzig
Prof. Dr. Heinz-Werner Wollersheim, Universität Leipzig
Oberkirchenrat Siegfried Bräuer, Berlin
Prof. Dr. Gerhard Arnhardt, Dresden
Dr. habil. Gerlinde Schlenker, Martin-Luther-Universität Halle-Wittenberg
Dr. Walter Müller, Martin-Luther-Universität Halle-Wittenberg
Prof. Dr. Jürgen Leonhardt, Universität Rostock

Abbildungen

Wir danken für die Bereitstellung des Bildmaterials folgenden Institutionen:

Marienbibliothek Halle
(Aufnahmen Prof. Dr. Heinrich Nickel)
(ULB) Universitäts- und Landesbibliothek Halle-Wittenberg
(Dr. Walter Müller, Marie-Christine Henning)
Melanchthonhaus Bretten
Evangelisches Predigerseminar Wittenberg
Lutherhalle Wittenberg
Lutherstätten Eisleben
Badisches Landesmuseum Stuttgart
Universitätsbibliothek Uppsala
Stadtmuseum Eilenburg
Martin Rinckart-Gymnasium Eilenburg
Museen der Stadt Nürnberg